Projet OCDE/G20 sur l'érosion de la base d'imposition et le transfert de bénéfices

Documentation des prix de transfert et déclaration pays par pays, Action 13 - Rapport final 2015

Ce document et toute carte qu'il peut comprendre sont sans préjudice du statut de tout territoire, de la souveraineté s'exerçant sur ce dernier, du tracé des frontières et limites internationales, et du nom de tout territoire, ville ou région.

Merci de citer cet ouvrage comme suit :
OCDE (2015), *Documentation des prix de transfert et déclaration pays par pays, Action 13 - Rapport final 2015*, Projet OCDE/G20 sur l'érosion de la base d'imposition et le transfert de bénéfices, Éditions OCDE, Paris.
http://dx.doi.org/10.1787/9789264248502-fr

ISBN 978-92-64-24849-6 (imprimé)
ISBN 978-92-64-24850-2 (PDF)

Série : Projet OCDE/G20 sur l'érosion de la base d'imposition et le transfert de bénéfices
ISSN 2313-2620 (imprimé)
ISSN 2313-2639 (en ligne)

Crédits photo : Couverture © ninog – Fotolia.com

Les corrigenda des publications de l'OCDE sont disponibles sur : *www.oecd.org/about/publishing/corrigenda.htm*.

Avant-propos

Les questions fiscales internationales sont aujourd'hui plus que jamais au cœur des préoccupations des pouvoirs publics. L'intégration des économies et des marchés nationaux a connu une accélération marquée ces dernières années, mettant à l'épreuve le cadre fiscal international conçu voilà plus d'un siècle. Les règles en place ont laissé apparaître des fragilités qui sont autant d'opportunités pour des pratiques d'érosion de la base d'imposition et de transfert de bénéfices (BEPS), appelant une action résolue de la part des dirigeants pour restaurer la confiance dans le système et faire en sorte que les bénéfices soient imposés là où les activités économiques sont réalisées et là où la valeur est créée.

À la suite de la parution du rapport intitulé *Lutter contre l'érosion de la base d'imposition et le transfert de bénéfices* en février 2013, les pays de l'OCDE et du G20 ont adopté en septembre 2013 un Plan d'action en 15 points visant à combattre ces pratiques. Les 15 actions à mener s'articulent autour de trois principaux piliers : harmoniser les règles nationales qui influent sur les activités transnationales, renforcer les exigences de substance dans les standards internationaux existants, et améliorer la transparence ainsi que la certitude.

Depuis lors, tous les pays de l'OCDE et du G20 ont œuvré sur un pied d'égalité, et la Commission européenne a également apporté sa contribution tout au long du projet BEPS. Les pays en développement ont été étroitement associés au moyen de différents mécanismes, notamment une participation directe aux travaux du Comité des affaires fiscales. En outre, des organisations fiscales régionales, comme le Forum sur l'administration fiscale africaine (ATAF), le Centre de rencontres et d'études des dirigeants des administrations fiscales (CREDAF), et le Centre interaméricain des administrations fiscales (CIAT), ont travaillé aux côtés d'organisations internationales, telles que le Fonds monétaire international (FMI), la Banque mondiale et les Nations Unies. Les parties prenantes ont été largement consultées : au total, le projet BEPS a fait l'objet de plus de 1 400 contributions d'entreprises, de fiscalistes, d'ONG et d'universitaires. 14 réunions publiques de consultation se sont tenues et ont été transmises en direct sur l'Internet, tandis que le Secrétariat de l'OCDE a diffusé des sessions interactives sur le Web afin de tenir le public informé de l'évolution du projet et de répondre à ses questions.

Après deux ans de travail, les 15 rapports prévus par le Plan d'action ont été établis. Tous ces rapports, y compris ceux publiés à titre provisoire en 2014, ont été réunis au sein d'un ensemble complet de mesures, qui représente le premier remaniement d'importance des règles fiscales internationales depuis près d'un siècle. La mise en œuvre des nouvelles mesures devrait conduire les entreprises à déclarer leurs bénéfices là où les activités économiques qui les génèrent sont réalisées et là où la valeur est créée. Les stratégies de planification fiscale qui s'appuient sur des règles périmées ou sur des dispositifs nationaux mal coordonnés seront caduques.

La mise en œuvre revêt donc une importance cruciale à ce stade. L'application des mesures prévues passe par des modifications de la législation et des pratiques nationales et par l'adoption de nouvelles dispositions conventionnelles, grâce à la négociation d'un instrument multilatéral qui devrait aboutir en 2016. Les pays de l'OCDE et du G20 ont également décidé de poursuivre leur coopération en vue de garantir une application cohérente et coordonnée des recommandations issues du projet BEPS. La mondialisation exige de trouver des solutions de portée mondiale et de nouer un dialogue mondial qui va au-delà des pays de l'OCDE et du G20. Pour promouvoir cet objectif, les pays de l'OCDE et du G20 concevront en 2016 un mécanisme complet de suivi auquel tous les pays intéressés participeront sur un pied d'égalité.

Une meilleure compréhension de la manière dont les recommandations issues du projet BEPS sont mises en pratique pourrait limiter les malentendus et les différends entre États. Une attention accrue portée à la mise en œuvre des actions et à l'administration de l'impôt pourrait être bénéfique tant pour les États que pour les entreprises. Enfin, des solutions sont proposées pour améliorer les données et les analyses, ce qui permettra d'évaluer et de quantifier régulièrement l'impact des mécanismes d'érosion de la base d'imposition et transfert de bénéfices et les résultats des mesures issues du projet BEPS appliquées pour lutter contre ces pratiques.

Table des matières

Abréviations et acronymes

AERF	Accord d'échange de renseignements fiscaux
APP	Accord de fixation préalable de prix de transfert
BEPS	Érosion de la base d'imposition et transfert de bénéfices *(Base erosion and profit shifting)*
ES	Établissement stable
ETP	Équivalent temps plein
G20	Groupe des vingt
OCDE	Organisation de coopération et de développement économiques
PME	Petite et moyenne entreprise
R&D	Recherche et développement
XML	Langage de balisage extensible (*Extensible markup language*)

Synthèse

Ce rapport contient des normes révisées de documentation des prix de transfert ainsi qu'un formulaire de déclaration pays par pays du chiffre d'affaires, des impôts acquittés et de certaines mesures de l'activité économique.

L'action 13 du *Plan d'action concernant l'érosion de la base d'imposition et le transfert de bénéfices* (Plan d'action BEPS, OCDE, 2013) appelait à l'élaboration de « *règles applicables à la documentation des prix de transfert afin d'accroître la transparence pour l'administration fiscale, en tenant des coûts de discipline pour les entreprises. On pourra notamment imposer aux multinationales de communiquer à tous les pouvoirs publics concernés les informations requises sur leur répartition mondiale du revenu, de l'activité économique et des impôts payés dans les différents pays, conformément à un modèle commun* ».

En réponse à cet appel, une approche normalisée à trois niveaux de la documentation des prix de transfert a été élaborée.

En premier lieu, les orientations relatives à la documentation des prix de transfert prévoient que les entreprises multinationales doivent communiquer aux administrations fiscales des informations générales concernant leurs activités et leur politique de prix de transfert à l'échelle mondiale, au moyen d'un « fichier principal » qui serait mis à la disposition de toutes les administrations fiscales des pays concernés.

En deuxième lieu, des renseignements sur les prix de transfert axés sur l'aspect transactionnel doivent également être communiqués au moyen d'un « fichier local » spécifique à chaque pays, indiquant les opérations pertinentes entre parties liées, les montants que ces opérations mettent en jeu, et l'analyse par l'entreprise des prix de transfert qu'elle a fixés au titre de ces opérations.

En troisième lieu, les grandes entreprises multinationales sont tenues de déposer chaque année une déclaration pays par pays indiquant pour chacune des juridictions fiscales où elles exercent des activités, le montant de leur chiffre d'affaires, leur bénéfice avant impôts, les impôts sur les bénéfices qu'elles ont acquittés et ceux qui sont dus. Elles doivent également y indiquer leur nombre d'employés, leur capital social, leurs bénéfices non distribués et leurs actifs corporels dans chaque juridiction fiscale. Enfin, elles doivent identifier dans cette déclaration chacune des entités du groupe qui exerce des activités dans une juridiction fiscale donnée et, pour chacune d'elles, indiquer la nature de ces activités.

Considérés dans leur ensemble, ces trois documents (fichier principal, fichier local et déclaration pays par pays) imposeront aux contribuables d'exposer de manière cohérente leurs positions en matière de prix de transfert, et procureront aux administrations fiscales des informations utiles pour évaluer les risques liés aux prix de transfert, déterminer quelle sera l'affectation la plus efficace des ressources disponibles aux fins de contrôle fiscal et, si un contrôle s'impose, donneront des indications pour démarrer et cibler les vérifications. Ces informations devraient permettre aux administrations fiscales de déterminer plus facilement si les entreprises ont fixé des prix de transfert et se sont livrées à d'autres pratiques ayant pour effet de transférer artificiellement des montants substantiels de bénéfices vers des juridictions à fiscalité privilégiée. Les pays qui participent au projet BEPS reconnaissent que ces nouvelles dispositions relatives à la documentation, et la transparence qu'elles favorisent, contribueront à permettre de mieux comprendre, contrôler et combattre les pratiques d'érosion de la base d'imposition et de transfert de bénéfices.

Le contenu spécifique des différents documents traduit la volonté de trouver un juste équilibre entre les besoins d'information des administrations fiscales, les risques d'utilisation inappropriée des informations, et les coûts et contraintes liés au respect de la réglementation qui sont imposés aux entreprises. Certains pays placeraient le curseur différemment en demandant aux entreprises d'inclure, dans leur déclaration pays par pays, des données supplémentaires sur les transactions (en sus de celles figurant dans le fichier principal et dans le fichier local à propos des opérations réalisées par des entités actives sur leur territoire) concernant les paiements d'intérêts entre parties liées, les paiements de redevances et surtout les commissions au titre de services rendus entre parties liées. Les pays en question sont principalement des économies émergentes (Afrique du Sud, Argentine, Brésil, Chine, Colombie, Inde, Mexique et Turquie) qui estiment que ces renseignements supplémentaires leur sont nécessaires pour évaluer les risques et qui jugent difficile de se procurer des informations sur les activités mondiales d'une entreprise multinationale dont le siège se trouve dans une autre juridiction. D'autres pays appuient en revanche les choix qui ont été faits dans ce document. Après avoir analysé l'ensemble de ces points de vue, il a été décidé que les pays participant au projet BEPS examineraient attentivement la mise en œuvre de ces nouvelles normes et détermineraient, fin 2020 au plus tard, s'il convenait de modifier le contenu de ces documents en vue d'exiger la communication de données supplémentaires ou différentes.

La mise en œuvre cohérente et efficace des normes de documentation des prix de transfert et en particulier de la déclaration pays par pays est essentielle. Par conséquent, les pays participant au projet BEPS se sont mis d'accord sur les éléments essentiels de la mise en œuvre de la documentation des prix de transfert et de la déclaration pays par pays. Cet accord prévoit que le fichier principal et le fichier local soient déposés par les entreprises multinationales directement auprès des administrations fiscales locales. En revanche, les déclarations pays par pays doivent être déposées dans la juridiction de résidence fiscale de l'entité mère ultime du groupe et échangées entre les juridictions par la voie de l'échange automatique d'informations, conformément aux mécanismes d'échange entre États tels que la Convention concernant l'assistance administrative mutuelle en matière fiscale, les conventions fiscales bilatérales ou les accords d'échange de renseignements fiscaux. Dans des circonstances limitées, des mécanismes secondaires, y compris le dépôt local, peuvent être utilisés comme solution de substitution.

Ces nouvelles exigences en matière de déclaration pays par pays sont à mettre en œuvre pour les exercices ouverts à compter du 1er janvier 2016 et s'appliquent, sous réserve de l'examen prévu en 2020, aux entreprises multinationales dont le chiffre d'affaires annuel consolidé est égal ou supérieur à 750 millions d'euros. Il est entendu que certains pays puissent avoir besoin de temps pour suivre leur processus législatif interne notamment afin de procéder aux ajustements nécessaires à la loi.

Afin de faciliter la mise en œuvre de ces nouvelles normes d'information, un dispositif de mise en œuvre a été élaboré lequel est constitué d'une part, d'un modèle de législation dont peuvent s'inspirer les pays pour requérir des entreprises multinationales le dépôt de la déclaration pays par pays, et d'autre part, d'accords entre autorités compétentes pouvant servir à faciliter la mise en œuvre de l'échange de ces déclarations entre les administrations fiscales. Un schéma XML et un guide utilisateur y afférent seront élaborés ultérieurement afin de permettre l'échange des déclarations pays par pays par voie électronique.

Il est reconnu que la nécessité d'améliorer l'efficacité du règlement des différends pourrait s'accroître sous l'effet du renforcement des capacités d'évaluation des risques à la suite de l'adoption et de la mise en œuvre de l'obligation de communiquer les déclarations pays par pays. Cette dimension a été prise en compte lors de la conception des mécanismes d'échange entre États qui seront utilisés pour faciliter l'échange automatique des déclarations pays par pays.

Les juridictions s'efforceront d'introduire, en tant que de besoin, une législation nationale en temps opportun. Elles sont également encouragées à étendre la couverture de leurs accords internationaux d'échange d'information. Des mécanismes seront mis en place afin de s'assurer que les juridictions respectent leurs engagements et d'évaluer l'efficacité des dispositifs de soumission et de diffusion. Les résultats de ce suivi seront pris en considération lors du réexamen prévu en 2020.

Chapitre V des Principes applicables en matière de prix de transfert – Documentation

Le contenu actuel du chapitre V des Principes applicables en matière de prix de transfert est intégralement supprimé et remplacé par le texte et les annexes qui suivent.

A. Introduction

1. Le présent chapitre fournit aux administrations fiscales des orientations à prendre en compte pour l'établissement de règles et/ou de procédures relatives aux documents à demander aux contribuables dans le cadre d'une enquête ou d'une évaluation des risques liés aux prix de transfert. Il contient également des indications destinées à aider les contribuables à identifier les documents qui leur seraient les plus utiles pour démontrer que leurs transactions sont conformes au principe de pleine concurrence, et donc pour résoudre les problèmes se rapportant aux prix de transfert et faciliter ainsi les vérifications fiscales.

2. Lorsque le chapitre V de ces Principes a été adopté en 1995, les administrations fiscales et les contribuables avaient une expérience limitée en termes de création et d'utilisation de la documentation relative aux prix de transfert. La précédente version du chapitre V des Principes mettait l'accent sur la nécessité d'adopter une approche raisonnable dans le cadre du processus de documentation, tant du point de vue des contribuables que des administrations fiscales, ainsi que sur la volonté de parvenir à une coopération plus poussée entre les administrations fiscales et les contribuables pour tout ce qui concerne la documentation, afin d'éviter de trop lourdes obligations en la matière tout en faisant en sorte que, grâce à des informations suffisantes, le principe de pleine concurrence puisse être correctement appliqué. Dans sa précédente version, le chapitre V ne prévoyait pas de liste de pièces à fournir dans le cadre d'une documentation des prix de transfert, et ne fournissait aucune orientation claire concernant le lien entre le processus de constitution de la documentation des prix de transfert, l'administration des sanctions et la charge de la preuve.

3. Depuis lors, de nombreux pays ont adopté des règles concernant la documentation des prix de transfert et la prolifération de ces prescriptions, conjuguée à une augmentation spectaculaire du volume et de la complexité des échanges intra-groupe internationaux et à la vigilance accrue des administrations fiscales à l'égard des questions de prix de transfert, s'est traduite par un alourdissement sensible des coûts induits par le respect de la réglementation pour les contribuables. Néanmoins, les administrations fiscales jugent souvent que la documentation des prix de transfert laisse à désirer sur le plan informatif et qu'elle ne répond pas à leurs besoins en termes d'application de la législation fiscale et d'évaluation des risques.

4. Trois objectifs des règles relatives à la documentation des prix de transfert sont identifiés ci-après. On trouvera également ci-après des orientations pour l'élaboration de ces règles visant à faire en sorte que la mise en œuvre des dispositions relatives aux prix de transfert soit plus simple et plus cohérente entre les différents pays, tout en permettant

aux administrations fiscales d'obtenir des informations plus ciblées et plus utiles pour les contrôles et les évaluations des risques liés aux prix de transfert. Un élément primordial à prendre en compte lors de l'élaboration de telles règles réside dans la nécessité de trouver un juste équilibre entre l'utilité des données fournies aux administrations fiscales pour l'évaluation des risques liés aux prix de transfert et à d'autres fins, d'une part, et l'alourdissement des obligations pesant sur les contribuables, d'autre part. De ce point de vue, il est à noter que des règles de documentation claires et largement adoptées peuvent réduire les coûts induits par le respect de la réglementation pouvant résulter d'un différend en matière de prix de transfert.

B. Objectifs des obligations de documentation des prix de transfert

5. La documentation des prix de transfert a trois objectifs :

1. garantir que les contribuables prennent dûment en considération les prescriptions relatives aux prix de transfert lorsqu'ils établissent les prix et autres conditions des transactions entre entreprises associées, et lorsqu'ils indiquent les bénéfices retirés de ces transactions dans leurs déclarations fiscales ;
2. fournir aux administrations fiscales les informations nécessaires pour qu'elles puissent évaluer en connaissance de cause les risques liés aux prix de transfert ; et
3. fournir aux administrations fiscales des informations utiles pour réaliser une vérification suffisamment approfondie des pratiques en matière de prix de transfert d'entités imposables dans leur juridiction, même s'il peut être nécessaire de compléter cette documentation à l'aide d'informations supplémentaires à mesure que la procédure de vérification suit son cours.

6. Chacun de ces objectifs doit être pris en compte pour définir des prescriptions internes adéquates en matière de documentation des prix de transfert. Il importe que les contribuables soient tenus d'évaluer avec soin, au moment du dépôt de leur déclaration fiscale ou avant, leur propre situation en termes de conformité aux règles applicables en matière de prix de transfert. Il importe également que les administrations fiscales puissent avoir accès aux informations dont elles ont besoin pour procéder à une évaluation des risques liés aux prix de transfert leur permettant de décider en connaissance de cause si une vérification doit ou non être menée. En outre, il importe que les administrations fiscales puissent avoir accès à ou exiger qu'on leur remette, en temps voulu, toutes les informations supplémentaires nécessaires pour mener une vérification approfondie une fois que la décision d'effectuer une telle vérification a été prise.

B.1. Évaluation par le contribuable de la conformité de sa situation au principe de pleine concurrence

7. En imposant aux contribuables d'exposer de manière convaincante, cohérente et probante leurs positions en matière de prix de transfert, la documentation des prix de transfert peut contribuer à l'instauration d'une culture de conformité. Une documentation bien préparée fournira dans une certaine mesure aux administrations fiscales l'assurance que le contribuable a analysé les positions dont il fait état dans ses déclarations fiscales, a pris en considération les données comparables disponibles, et est parvenu à des positions cohérentes en matière de prix de transfert. En outre, des obligations de documentation contemporaines contribueront à garantir l'intégrité des positions du contribuable et à limiter la justification a posteriori par les contribuables de leurs positions.

8. Cet objectif de conformité peut être étayé de deux façons importantes. Premièrement, les administrations fiscales peuvent demander que les contribuables s'acquittent de leurs obligations de documentation des prix de transfert de manière immédiate. Autrement dit, la documentation serait préparée au moment de la transaction ou, en tout état de cause, au plus tard au moment où est complétée et soumise la déclaration fiscale établie au titre de l'exercice durant lequel la transaction a eu lieu. La seconde façon de favoriser le respect de la réglementation consiste à mettre en place des régimes de sanctions en matière de prix de transfert destinés à encourager la préparation en temps voulu d'une documentation des prix de transfert précise, et à créer des incitations pour que les contribuables examinent de manière approfondie en temps voulu leurs positions en matière de prix de transfert. Les obligations déclaratives et les sanctions prévues en matière de documentation sont évoquées de manière plus détaillée dans la section D, ci-après.

9. Dans l'idéal, l'établissement de la documentation des prix de transfert devrait être l'occasion pour les contribuables de définir des principes mûrement réfléchis concernant leur politique de prix de transfert, ce qui permettrait du même coup d'atteindre un objectif important de ces prescriptions, mais des facteurs tels que les coûts, les contraintes temporelles et la multiplicité de sujets requérant l'attention des personnes concernées peuvent parfois nuire à la réalisation de ces objectifs. Il importe donc que les pays définissent des obligations de documentation qui soient raisonnables et axées sur les transactions importantes, afin que toute l'attention voulue soit accordée aux questions essentielles.

B.2. Évaluation des risques liés aux prix de transfert

10. Une identification et une évaluation efficaces des risques constituent une première étape essentielle du processus permettant de sélectionner les dossiers qui méritent de faire l'objet d'une vérification ou d'une enquête, et d'axer ces procédures sur les questions les plus importantes. Dans la mesure où les administrations fiscales disposent de ressources limitées, il est important qu'elles déterminent avec précision, dès le tout début d'une procédure pouvant déboucher sur un contrôle, si les dispositifs de prix de transfert d'un contribuable méritent un examen approfondi et la mobilisation de ressources importantes par les autorités fiscales. Pour ce qui est des questions de prix de transfert en particulier (qui sont généralement complexes et mettent en jeu un très grand nombre d'éléments), une évaluation effective des risques devient un préalable essentiel à la réalisation d'une vérification ciblée et économe en ressources. Le Manuel de l'OCDE sur l'évaluation des risques liés aux prix de transfert constitue un outil utile pour la réalisation de ces évaluations des risques.

11. Une évaluation correcte des risques liés aux prix de transfert par l'administration fiscale suppose qu'elle ait accès à un stade précoce à des informations suffisantes, pertinentes et fiables. Il existe de nombreuses sources d'informations pertinentes, mais la documentation des prix de transfert constitue une source cruciale d'informations de ce type.

12. Un large éventail d'outils et de sources d'informations sont utilisés pour identifier et évaluer les risques liés aux prix de transfert concernant les contribuables et les transactions, notamment les formulaires relatifs aux prix de transfert (devant être déposés avec la déclaration fiscale annuelle), les questionnaires obligatoires sur les prix de transfert axés sur des domaines de risque particuliers, les dispositions spécifiant les obligations générales de documentation des prix de transfert dans lesquelles sont identifiés les éléments à fournir pour démontrer la conformité de la situation d'un contribuable avec le principe de pleine concurrence, et les discussions ayant lieu dans le cadre de la coopération entre les administrations fiscales et les contribuables. Chacun de ces outils et sources

d'information semble correspondre à la même observation fondamentale : l'administration fiscale a besoin d'avoir accès aisément aux informations pertinentes à un stade précoce pour pouvoir évaluer précisément et en connaissance de cause les risques liés aux prix de transfert. Veiller à ce qu'une évaluation de qualité des risques liés aux prix de transfert puisse être réalisée de manière efficace et avec les bons types d'informations fiables devrait être une considération importante lors de la conception des règles relatives à la documentation des prix de transfert.

B.3. Vérification des prix de transfert

13. Un troisième objectif de la documentation des prix de transfert consiste à fournir aux administrations fiscales des informations utiles pour réaliser une vérification approfondie des prix de transfert. Les procédures de vérification de prix de transfert tendent à mettre en jeu un très grand nombre d'éléments. Elles passent souvent par des évaluations difficiles de la comparabilité de plusieurs transactions et marchés. Elles peuvent exiger l'examen approfondi d'informations financières, factuelles et sectorielles. La disponibilité d'informations adéquates provenant de sources diverses au cours de la procédure de vérification est essentielle pour faciliter un examen méthodique par l'administration fiscale des transactions contrôlées du contribuable avec des entreprises associées, et l'application des règles en vigueur en matière de prix de transfert.

14. Dans les situations où une évaluation correcte des risques liés aux prix de transfert laisse à penser qu'une vérification approfondie des prix de transfert se justifie pour un ou plusieurs points, il est clair que l'administration fiscale doit être en mesure d'obtenir, dans un délai raisonnable, tous les documents et informations pertinents en la possession du contribuable. Cela inclut les informations concernant les activités et fonctions du contribuable, les informations pertinentes sur les activités, fonctions et résultats financiers des entreprises associées avec lesquelles le contribuable a réalisé des transactions contrôlées, les informations concernant les comparables potentiels, notamment les comparables internes, et les documents relatifs aux activités et aux résultats financiers de parties indépendantes et de transactions non contrôlées potentiellement comparables. La présence de telles informations dans la documentation des prix de transfert peut permettre d'éviter des procédures spéciales de production de documents d'information. Il convient néanmoins de reconnaître qu'il serait excessivement lourd et inefficace de tenter d'anticiper, lors de l'établissement de la documentation des prix de transfert, toutes les demandes d'informations qui pourraient être formulées en cas de vérification complète. En conséquence, il y aura inévitablement des cas dans lesquels les administrations fiscales souhaiteront obtenir des informations ne figurant pas dans la documentation. L'accès d'une administration fiscale aux informations ne devrait donc pas être limité au, ou par, la documentation sur laquelle se fonde une évaluation des risques liés aux prix de transfert. Lorsqu'une juridiction impose la conservation de certaines informations aux fins de vérification des prix de transfert, ces obligations devraient correspondre à un juste équilibre entre le besoin d'informations de l'administration fiscale et la charge que représente le respect de ces règles pour les contribuables.

15. Il peut souvent arriver que les documents et autres informations requis pour une vérification des prix de transfert soient en possession de membres du groupe multinational autres que la filiale locale examinée. Les documents nécessaires se trouvent souvent en dehors du pays dont l'administration fiscale réalise la vérification. Il est donc important que cette administration fiscale puisse obtenir directement ou par le biais d'un partage d'information, fondé par exemple sur des mécanismes d'échange de renseignements, des informations situées hors du territoire national considéré.

C. Une approche à trois niveaux de la documentation des prix de transfert

16. Afin de réaliser les objectifs décrits dans la section B, les pays devraient adopter une approche normalisée de la documentation des prix de transfert. Nous décrivons dans cette section une structure à trois niveaux qui consiste en (i) un fichier principal contenant des informations normalisées relatives à l'ensemble des membres du groupe multinational considéré ; (ii) un fichier local faisant spécifiquement référence aux transactions importantes du contribuable local ; (iii) une déclaration pays par pays contenant certaines informations relatives à la répartition mondiale des bénéfices de l'entreprise multinationale et des impôts qu'elle acquitte, accompagnées de certains indicateurs concernant la localisation des activités du groupe multinational considéré.

17. Grâce à cette approche de la documentation des prix de transfert, les administrations fiscales obtiendront des informations pertinentes et fiables leur permettant de réaliser une évaluation efficace et solide des risques liés aux prix de transfert. Elle offrira également un cadre dans lequel les informations nécessaires à une vérification puissent être élaborées, et constituera pour les contribuables un moyen d'examiner et de décrire véritablement la conformité de leurs transactions importantes avec le principe de pleine concurrence et une incitation à le faire.

C.1. Fichier principal

18. Le fichier principal doit donner une vue d'ensemble des activités du groupe multinational considéré, notamment de la nature de ses activités mondiales, de sa politique globale en matière de prix de transfert, et de la répartition de ses bénéfices et de ses activités à l'échelle mondiale, afin d'aider les administrations fiscales à évaluer la présence de risques importants liés aux prix de transfert. De manière générale, le fichier principal est destiné à fournir une vue d'ensemble afin de placer les pratiques du groupe multinational considéré en matière de prix de transfert dans leur contexte économique, juridique, financier et fiscal à l'échelle mondiale. Il n'a pas pour but l'établissement de listes exhaustives portant sur des points de détail (comme un recensement de chacun des brevets détenus par tous les membres du groupe multinational), dans la mesure où cela serait à la fois excessivement lourd et incohérent avec les objectifs du fichier principal. Lors de l'élaboration du fichier principal, notamment des listes des accords, des actifs incorporels et des transactions importantes, les contribuables doivent se fonder sur une appréciation commerciale raisonnable pour déterminer le niveau adéquat de précision des informations fournies, en gardant à l'esprit l'objectif du fichier principal, qui est d'offrir une vue d'ensemble des activités et de la politique de prix de transfert à l'échelle mondiale de l'entreprise multinationale considérée. Lorsque les obligations déclaratives correspondant au fichier principal peuvent être pleinement satisfaites au moyen de renvois spécifiques à d'autres documents existants, ces renvois, ainsi que des copies des documents concernés, doivent être considérés comme suffisants pour satisfaire à ces obligations. Aux fins de la production du fichier principal, des informations sont considérées comme importantes si leur omission affectait la fiabilité des prix de transfert calculés.

19. Les informations requises dans le fichier principal offrent une « esquisse » du groupe multinational considéré et peuvent être ventilées en cinq catégories : a) la structure organisationnelle du groupe multinational ; b) une description du domaine ou des domaines d'activité du groupe multinational ; c) les actifs incorporels du groupe multinational ; d) les activités financières interentreprises du groupe multinational ; et (e) les situations financière et fiscale du groupe multinational.

20. Les contribuables doivent présenter les informations figurant dans le fichier principal pour le groupe multinational dans son ensemble. Néanmoins, il est permis de structurer les informations présentées par secteur d'activité lorsque les circonstances le justifient clairement, par exemple lorsque la structure du groupe multinational est telle que certains secteurs d'activité importants fonctionnent de manière largement indépendante ou ont été acquis récemment. En cas de présentation des informations par secteur d'activité, il convient de veiller à ce que les fonctions centralisées au niveau du groupe et les transactions entre secteurs d'activité soient correctement décrites dans le fichier principal. Même lorsqu'une présentation par secteur d'activité a été retenue, le fichier principal intégral correspondant à l'ensemble des secteurs d'activité doit être mis à la disposition de chaque pays, afin qu'il ait une vue d'ensemble adéquate des activités du groupe multinational considéré à l'échelle mondiale.

21. L'annexe I au chapitre V de ces Principes indique quelles sont les informations devant figurer dans le fichier principal.

C.2. Fichier local

22. À la différence du fichier principal, qui offre une vue d'ensemble, comme indiqué au paragraphe 18, le fichier local offre des informations plus précises sur des transactions interentreprises spécifiques. Les informations requises dans le fichier local complètent celles du fichier principal et contribuent à la réalisation de l'objectif consistant à veiller à ce que les positions importantes du contribuable en matière de prix de transfert affectant une juridiction spécifique soient conformes au principe de pleine concurrence. Le fichier local est axé sur les informations utiles pour l'analyse des prix de transfert se rapportant aux transactions entre une filiale locale et les entreprises associées localisées dans différents pays et qui sont importantes dans le contexte du système d'imposition local. Il s'agira notamment des informations financières utiles concernant ces transactions spécifiques, d'une analyse de comparabilité, ainsi que d'informations relatives à la sélection et à l'application de la méthode de détermination des prix de transfert la plus appropriée. Lorsqu'une des obligations déclaratives correspondant au fichier local peut être pleinement satisfaite au moyen d'un renvoi spécifique à des informations figurant dans le fichier principal, ce renvoi doit suffire.

23. L'annexe II au chapitre V de ces Principes indique quels sont les éléments d'information devant figurer dans le fichier local.

C.3. Déclaration pays par pays

24. La déclaration pays par pays doit contenir des informations agrégées pour chacune des juridictions fiscales concernées relatives à la répartition mondiale des bénéfices du groupe multinational considéré et des impôts qu'il acquitte, accompagnées de certains indicateurs concernant la localisation des activités de ce groupe multinational dans les différentes juridictions fiscales où il opère. Cette déclaration doit également contenir une liste de toutes les entités constitutives pour lesquelles des informations financières sont communiquées, précisant notamment la juridiction fiscale de constitution, si elle diffère de la juridiction fiscale de résidence, ainsi que la nature des principales activités réalisées par cette entité constitutive.

25. La déclaration pays par pays sera utile pour la réalisation d'une évaluation générale des risques liés aux prix de transfert. Elle peut également être utilisée par les administrations fiscales pour évaluer d'autres risques liés à l'érosion de la base d'imposition

et au transfert de bénéfices et, le cas échéant, aux fins d'analyses économiques et statistiques. Néanmoins, les informations figurant dans la déclaration pays par pays ne sauraient se substituer à une analyse approfondie des prix de transfert réalisée pour chaque transaction et prix, fondée sur une analyse fonctionnelle et une analyse de comparabilité complètes. Les informations figurant dans la déclaration pays par pays ne permettent pas en soi de déterminer de manière concluante si les prix de transfert sont corrects ou non. Elles ne doivent pas être utilisées par les administrations fiscales pour proposer des ajustements de prix de transfert fondés sur une méthode de répartition globale des bénéfices selon une formule préétablie.

26. L'annexe III au chapitre V de ces Principes contient un modèle de formulaire de déclaration pays par pays, ainsi que les instructions qui l'accompagnent.

D. Respect des règles par les contribuables

D.1. Documentation contemporaine

27. Tout contribuable doit s'efforcer de déterminer ses prix de transfert à des fins fiscales conformément au principe de pleine concurrence, sur la base des renseignements dont il peut raisonnablement disposer au moment de la transaction considérée. Par conséquent, le contribuable doit normalement se demander si ses prix de transfert sont calculés correctement à des fins fiscales avant de fixer ces prix, et doit confirmer la conformité de ses résultats financiers avec le principe de pleine concurrence au moment du dépôt de sa déclaration fiscale.

28. Le contribuable ne devrait pas avoir à supporter des coûts et charges disproportionnés pour produire la documentation requise. Par conséquent, l'administration fiscale devrait maintenir un juste équilibre entre ses besoins en documentation et le coût et la charge administrative résultant de la création de ces documents qui sont anticipés pour le contribuable. Si un contribuable démontre de manière suffisante, compte tenu des principes exposés dans les présents Principes, qu'il n'existe pas de données comparables ou que le coût de leur obtention serait excessif par rapport aux sommes en jeu, le contribuable ne devrait pas avoir à supporter des coûts liés à la recherche de ces données.

D.2. Calendrier

29. Les pratiques relatives au calendrier de la préparation de la documentation diffèrent suivant les pays. Certains exigent que les informations soient finalisées au plus tard lors du dépôt de la déclaration fiscale, tandis que d'autres pays imposent que la documentation soit prête au plus tard lorsque la vérification commence. On observe également des pratiques très diverses concernant le délai accordé aux contribuables pour répondre aux demandes spécifiques de documentation de l'administration fiscale et autres demandes d'informations liées à des procédures de vérification. Ces différences de délai à respecter pour la fourniture des informations peuvent accentuer les difficultés qu'ont les contribuables à définir des priorités et à fournir les bonnes informations aux administrations fiscales au moment voulu.

30. La meilleure pratique consiste à demander que le fichier local soit finalisé au plus tard à la date limite de dépôt de la déclaration fiscale pour l'exercice considéré. Le fichier principal doit être examiné et, si nécessaire, mis à jour au plus tard à la date limite de dépôt de la déclaration fiscale applicable à la société mère ultime du groupe multinational. Dans les pays dont la politique consiste à examiner les transactions au moment où elles ont lieu

dans le cadre de programmes de discipline fiscale coopérative, il peut être nécessaire que certaines informations soient fournies préalablement au dépôt de la déclaration fiscale.

31. S'agissant de la déclaration pays par pays, il est admis que dans certains cas, les états financiers définitifs prévus par la loi et d'autres informations financières pouvant être utiles pour compléter le formulaire de déclaration pays par pays décrit à l'annexe III peuvent n'être finalisés qu'après la date limite de dépôt des déclarations fiscales dans certains pays pour un exercice donné. Dans ces circonstances, la date de remise de la déclaration pays par pays décrite à l'annexe III du chapitre V de ces Principes peut être repoussée à un an après le dernier jour de l'exercice fiscal de la société mère ultime du groupe multinational considéré.

D.3. Matérialité

32. Les transactions ayant lieu entre des entreprises associées ne sont pas toutes suffisamment importantes pour justifier l'inclusion d'une documentation complète dans le fichier local. Il est de l'intérêt des administrations fiscales d'avoir accès aux informations essentielles, mais aussi de veiller à ce que les entreprises multinationales ne soient pas submergées par leurs obligations déclaratives au point d'omettre les points les plus importants et de ne pas fournir de documents les concernant. Par conséquent, les obligations prévues par chaque pays en termes de documentation des prix de transfert fondées sur l'annexe II au chapitre V de ces Principes devraient intégrer des seuils de matérialité tenant compte de la taille et de la nature de l'économie locale, de l'importance du groupe multinational dans cette économie, ainsi que de la taille et de la nature des entités opérationnelles locales, en sus de la taille globale et de la nature du groupe multinational. Cette matérialité peut être mesurée en termes relatifs (le seuil appliqué aux transactions étant défini, par exemple, par un pourcentage du chiffre d'affaires ou un pourcentage des coûts) ou en termes absolus (ce même seuil étant défini, par exemple, par un certain montant). Chaque pays devrait établir ses propres critères de matérialité aux fins de la constitution du fichier local, en fonction des spécificités locales. Ces critères de matérialité devraient être des normes objectives qui soient communément comprises et admises dans la pratique commerciale. Voir le paragraphe 18 pour une description des critères de matérialité applicables pour la constitution du fichier principal.

33. Un certain nombre de pays ont intégré dans leurs règles relatives à la documentation des prix des transfert des mesures de simplification qui exemptent les petites et moyennes entreprises (PME) des obligations de documentation des prix de transfert, ou limitent à certaines informations les obligations imposées à ces entreprises en la matière. Afin de ne pas faire assumer aux contribuables des coûts et des charges disproportionnés au regard des circonstances, il est recommandé de ne pas imposer aux PME de produire le volume de documentation que l'on pourrait attendre d'entreprises de plus grande taille. Néanmoins, les PME devraient être tenues de fournir des informations et des documents sur leurs transactions internationales importantes si l'administration fiscale en fait spécifiquement la demande au cours d'un contrôle fiscal ou aux fins d'une évaluation des risques liés aux prix de transfert.

34. Aux fins de l'annexe III au chapitre V de ces Principes, la déclaration pays par pays doit inclure toutes les juridictions fiscales dans lesquelles le groupe multinational considéré a une entité résidente d'un point de vue fiscal, indépendamment de l'ampleur des activités exercées dans chacune des juridictions considérées.

D.4. Conservation des documents

35. Les contribuables ne devraient pas être tenus de conserver des documents au-delà d'un délai raisonnable conforme aux dispositions du droit interne applicable au niveau de la société mère ou de l'entité locale considérée. Néanmoins, les pièces et informations requises dans le cadre de la documentation à fournir (fichier principal, fichier local et déclaration pays par pays) peuvent parfois être utiles pour une vérification des prix de transfert portant sur une année ultérieure non prescrite – par exemple lorsque le contribuable conserve de sa propre initiative de tels documents se rapportant à des contrats à long terme – ou pour déterminer si les normes de comparabilité relatives à l'application d'une méthode de fixation des prix de transfert pour cette année ultérieure sont respectées. Les administrations fiscales devraient garder à l'esprit les difficultés soulevées par la recherche de documents portant sur des années antérieures, et elles devraient limiter ces demandes aux cas où elles ont de bonnes raisons de vouloir examiner les documents en question en liaison avec la transaction faisant l'objet d'une vérification.

36. Dans la mesure où l'intérêt de l'administration fiscale est en définitive que les documents nécessaires lui soient transmis en temps voulu lorsqu'elle en fait la demande à l'occasion d'une vérification, la procédure de conservation des documents – sur support papier, électronique ou autre – devrait être laissée à la discrétion du contribuable, à condition que les informations considérées puissent être rapidement mises à la disposition de l'administration fiscale sous la forme prévue par les règles et pratiques du pays considéré.

D.5. Fréquence des mises à jour de la documentation

37. Il est recommandé de réexaminer périodiquement la documentation des prix de transfert afin de déterminer si les analyses fonctionnelles et économiques qui la sous-tendent sont encore exactes et pertinentes, et de confirmer la validité de la méthode de fixation des prix de transfert appliquée. En règle générale, le fichier principal, le fichier local et la déclaration pays par pays devraient être réexaminés et mis à jour chaque année. Il est cependant admis que, dans de nombreuses situations, les descriptions des activités, les analyses fonctionnelles et les descriptions des comparables peuvent ne pas changer sensiblement d'une année à l'autre.

38. Afin d'alléger les contraintes liées au respect de la réglementation qui sont imposées aux contribuables, les administrations fiscales peuvent déterminer, pour autant que les conditions d'exercice des activités demeurent inchangées, que la recherche dans les bases de données de comparables étayant en partie le contenu du fichier local soit actualisée tous les 3 ans et non chaque année. Les données financières relatives aux comparables doivent cependant être actualisées tous les ans, afin d'assurer une application fiable du principe de pleine concurrence.

D.6. Langue

39. La nécessité de fournir une documentation dans la langue locale peut constituer un facteur de complication en termes de respect des règles relatives aux prix de transfert, dans la mesure où la traduction des documents peut prendre beaucoup de temps et se révéler très coûteuse. La langue dans laquelle la documentation des prix de transfert doit être soumise doit être déterminée en vertu de la législation locale. Les pays sont encouragés à permettre la soumission de la documentation des prix de transfert dans les langues couramment utilisées dès lors que cela ne nuit pas à l'utilité des documents. Si les administrations fiscales estiment que la traduction de documents est nécessaire, elles doivent en faire

spécifiquement la demande et accorder un délai suffisant pour alléger dans toute la mesure du possible la charge que représente cette obligation de traduction.

D.7. Sanctions

40. De nombreux pays ont adopté des régimes de sanctions liées à la documentation, afin d'assurer une application efficace des règles relatives à la documentation des prix de transfert. Ces sanctions ont été conçues de manière que le non-respect des règles en vigueur soit plus coûteux pour les contribuables que leur respect. Ces régimes de sanctions sont régis par les lois de chaque pays. Les pratiques nationales concernant les sanctions relatives à la documentation des prix de transfert varient considérablement. L'existence de différents régimes de sanctions nationaux peut avoir une incidence sur la qualité de l'application des règles en vigueur par les contribuables, de sorte que ceux-ci peuvent être incités à favoriser tel pays par rapport à tel autre en termes de conformité avec la réglementation.

41. Les sanctions liées à la documentation imposées en cas de non-respect des obligations de documentation des prix de transfert, ou de non-soumission des informations requises en temps voulu, sont généralement des sanctions pécuniaires civiles (ou administratives). Ces sanctions liées à la documentation reposent sur un montant fixe, qui peut être évalué pour chaque document manquant ou pour chacun des exercices fiscaux considérés, ou sont calculées en pourcentage du montant définitif de la minoration d'impôt connexe mise en évidence, en pourcentage de l'ajustement connexe du bénéfice, ou en pourcentage du montant des transactions internationales pour lesquelles la documentation fait défaut.

42. Il convient de veiller à ne pas imposer de sanctions liées à la documentation à un contribuable parce qu'il n'a pas fourni des données auxquelles le groupe multinational n'avait pas accès. Néanmoins, la décision de ne pas imposer de sanctions liées à la documentation ne signifie pas que des ajustements des bénéfices ne peuvent être effectués lorsque les prix ne sont pas conformes au principe de pleine concurrence. Le fait que les positions des contribuables fassent l'objet d'une documentation complète ne signifie pas nécessairement que ces positions sont correctes. En outre, l'affirmation par une entité locale que l'application des règles relatives aux prix de transfert incombe à d'autres membres du groupe multinational concerné n'est pas une raison suffisante pour que cette entité ne fournisse pas la documentation requise, et une telle affirmation ne doit pas non plus empêcher l'imposition de sanctions liées à la documentation en cas de non-respect des règles en la matière lorsque les informations nécessaires ne sont pas communiquées.

43. Une autre façon pour les pays d'encourager les contribuables à s'acquitter de leurs obligations de documentation des prix de transfert consiste à mettre en place des mécanismes d'incitation en ce sens, tels qu'une exonération de sanctions ou un renversement de la charge de la preuve. Lorsque la documentation est conforme aux exigences réglementaires et soumise en temps voulu, le contribuable pourrait être exonéré de sanctions fiscales ou assujetti à une sanction minorée si un ajustement des prix de transfert est effectué et maintenu, nonobstant la fourniture d'une documentation. Dans certaines juridictions où la charge de la preuve incombe au contribuable en matière de prix de transfert, un déplacement de la charge de la preuve vers l'administration fiscale en cas de fourniture en temps voulu d'une documentation adéquate constitue une autre mesure pouvant être utilisée pour inciter les contribuables à respecter les règles relatives à la documentation des prix de transfert.

D.8 Confidentialité

44. Les administrations fiscales devraient prendre toutes les mesures raisonnables pour qu'il n'y ait aucune divulgation au public d'informations confidentielles (secrets industriels ou commerciaux, secrets scientifiques, etc.) ou d'autres informations commercialement sensibles figurant dans la documentation (fichier principal, fichier local et déclaration pays par pays). Les administrations fiscales doivent également garantir aux contribuables que les informations présentées dans le cadre de la documentation des prix de transfert demeureront confidentielles. Si ces informations doivent être divulguées lors d'instances judiciaires en audience publique ou dans des décisions judiciaires, il faudra mettre tout en œuvre pour que leur confidentialité soit préservée et que ces informations soient uniquement divulguées dans la mesure nécessaire.

45. L'ouvrage de l'OCDE intitulé *Garantir la confidentialité – Le Guide de l'OCDE sur la protection des échanges de renseignements à des fins fiscales* fournit des orientations sur les règles et pratiques qui doivent être en place pour garantir la confidentialité des informations fiscales échangées dans le cadre d'un instrument d'échange de renseignements.

D.9. Autres sujets

46. L'obligation d'utiliser les informations les plus fiables imposera généralement, mais pas toujours, de recourir à des comparables locaux, plutôt qu'à des comparables régionaux, dès lors que ces comparables locaux sont raisonnablement accessibles. L'utilisation de comparables régionaux dans le cadre d'une documentation des prix de transfert préparée pour des pays se trouvant dans la même région géographique, lorsque des comparables locaux appropriés sont disponibles, ne sera, dans certains cas, pas conforme avec l'obligation de s'appuyer sur les informations les plus fiables. Les avantages que présente en termes de simplification une limitation du nombre de recherches de comparables qu'une entreprise est tenue d'effectuer sont évidents, et la notion de matérialité ainsi que les coûts induits par le respect de la réglementation sont des facteurs à prendre à compte ; néanmoins, les efforts déployés pour simplifier les processus d'application de la réglementation ne doivent pas aller jusqu'à remettre en cause l'obligation d'utiliser les informations les plus fiables. Voir les paragraphes 1.57 et 1.58 consacrés aux différences entre les marchés et aux analyses couvrant plusieurs pays pour obtenir de plus amples informations sur les circonstances dans lesquelles il convient de privilégier les comparables locaux.

47. Il n'est pas recommandé, en particulier au stade de l'évaluation des risques liés aux prix de transfert, d'exiger que la documentation des prix de transfert soit certifiée par un auditeur externe ou une autre tierce partie. De même, il n'est pas recommandé de rendre obligatoire le recours à des cabinets de consultants pour la préparation de la documentation des prix de transfert.

E. Mise en œuvre

48. Il est essentiel que les orientations figurant dans ce chapitre, et notamment la déclaration pays par pays, soient mises en œuvre de manière effective et cohérente. En conséquence, les pays participant au projet OCDE/G20 concernant l'érosion de la base d'imposition et le transfert de bénéfices (ci-après « Projet BEPS ») ont élaboré les orientations suivantes relatives à la mise en œuvre de la documentation des prix de transfert et de la déclaration pays par pays.

E.1. Fichier principal et fichier local

49. Il est recommandé que les éléments relatifs au fichier principal et au fichier local de la nouvelle norme sur la documentation des prix de transfert soient mis en œuvre via la législation ou les procédures administratives nationales, et que le fichier principal et le fichier local soient remis directement aux administrations fiscales de chacune des juridictions concernées, dès lors que celles-ci l'exigent. Les pays participant au Projet BEPS conviennent que, s'agissant du fichier local et du fichier principal, la confidentialité et l'utilisation cohérente des normes énoncées à l'annexe I et à l'annexe II du Chapitre V de ces Principes doivent être prises en compte lorsque sont introduits ces éléments dans la législation ou les procédures administratives du pays concerné.

E.2. Déclaration pays par pays

E.2.1. Calendrier : quand l'obligation de déclarations pays par pays devrait-elle prendre effet ?

50. Il est recommandé que les entreprises multinationales soient tenues de déposer leurs premières déclarations pays par pays pour les exercices fiscaux débutant à partir du 1er janvier 2016. Toutefois, il est entendu que certaines juridictions puissent avoir besoin de temps pour suivre leur processus législatif interne notamment pour faire les ajustements nécessaires à la loi. Afin d'aider les pays à élaborer la législation en temps opportun, un modèle de législation imposant aux sociétés mères ultimes des groupes d'entreprises multinationales de déposer la déclaration pays par pays dans leur juridiction de résidence a été élaboré *(cf. annexe IV au Chapitre V de ces Principes)*. Les juridictions auront la possibilité d'adapter ce modèle de législation à leur propre système juridique. Eu égard à la recommandation figurant au paragraphe 31 selon laquelle les entreprises multinationales disposent d'un an à compter de la clôture de l'exercice fiscal auquel la déclaration pays par pays se rapporte pour établir et déposer cette déclaration, les premières déclarations pays par pays seraient donc déposées d'ici le 31 décembre 2017. Pour les entreprises multinationales dont l'exercice fiscal se termine à une date autre que le 31 décembre, les premières déclarations pays par pays devraient être déposées en 2018 au plus tard, soit douze mois après la clôture de l'exercice fiscal concerné, et porteraient sur le premier exercice fiscal de l'entreprise entamé après le 1er janvier 2016. Il s'ensuit que les pays participant au Projet BEPS conviennent de ne pas exiger la production d'une déclaration pays par pays basée sur le nouveau modèle pour les exercices fiscaux débutant avant le 1er janvier 2016. L'exercice fiscal d'une entreprise multinationale désigne la période comptable retenue pour la préparation des états financiers consolidés, et non les années d'imposition ou les exercices fiscaux de ses différentes filiales.

E.2.2 Entreprises multinationales tenues de remettre une déclaration pays par pays

51. Il est recommandé que tous les groupes d'entreprises multinationales soient soumis à l'obligation de déposer une déclaration pays par pays chaque année, sauf dans les circonstances suivantes.

52. Seraient exemptés de l'obligation déclarative générale les groupes d'entreprises multinationales dont le chiffre d'affaires annuel consolidé au cours de l'exercice fiscal précédent est inférieur à 750 millions d'euros ou à un montant équivalent en monnaie nationale en janvier 2015. Si par exemple un groupe d'entreprises multinationales dont la comptabilité est basée sur l'année civile réalise un chiffre d'affaires consolidé de 625 millions d'euros durant l'année civile 2015, il ne serait pas tenu de déposer une déclaration pays par pays dans un quelconque pays au titre de son exercice fiscal se terminant le 31 décembre 2016.

53. On estime que l'exemption décrite au paragraphe 52, qui fixe un seuil de 750 millions d'euros, exclura 85 à 90% des groupes d'entreprises multinationales de l'obligation déclarative, mais que des groupes d'entreprises multinationales réalisant environ 90% du chiffre d'affaires total des sociétés seront bien soumis à cette obligation. Le seuil d'exemption prescrit représente donc un point d'équilibre adéquat entre la charge déclarative et les avantages pour l'administration fiscale.

54. Les pays participant au Projet BEPS ont l'intention de déterminer si le seuil de chiffre d'affaires applicable indiqué au paragraphe précédent reste approprié lorsqu'ils feront le point en 2020 sur la mise en œuvre de la nouvelle norme, lequel inclut le fait de déterminer si des données supplémentaires ou différentes devraient être communiquées.

55. Il est estimé qu'en dehors des cas décrits dans la présente section, aucune autre exemption à l'obligation de déposer une déclaration pays par pays ne devrait être adoptée. En particulier, il n'y a pas lieu d'admettre des exemptions pour un secteur d'activité spécifique, pour des fonds d'investissement ou pour des entités non constituées en société ou des entreprises non publiques. Nonobstant cette conclusion, les pays participant au Projet BEPS conviennent que les groupes d'entreprises multinationales qui tirent des revenus d'activités de transport international ou de transport par voies navigables intérieures, qui sont couvertes par des dispositions conventionnelles spécifiques et en vertu desquelles les droits d'imposition correspondants sont attribués exclusivement à une juridiction, doivent mentionner les renseignements requis par le modèle de déclaration pays par pays concernant ces revenus uniquement à l'intention de la juridiction à laquelle les dispositions conventionnelles concernées attribuent ces droits d'imposition.

E.2.3. Les conditions nécessaires qui sous-tendent l'obtention et l'utilisation de la déclaration pays par pays

56. Les pays participant au Projet BEPS sont convenus des conditions suivantes qui sous-tendent l'obtention et l'utilisation de la déclaration pays par pays.

Confidentialité

57. Les juridictions devraient mettre en place et appliquer des mécanismes juridiques de protection de la confidentialité des renseignements transmis. Ces mécanismes préserveront la confidentialité de la déclaration pays par pays dans une mesure au moins équivalente à ceux qui s'appliqueraient si ces renseignements étaient communiqués au pays en vertu des dispositions de la Convention multilatérale concernant l'assistance administrative mutuelle en matière fiscale, d'un accord d'échange de renseignements fiscaux ou d'une convention fiscale satisfaisant à la norme internationalement convenue d'échange de renseignements sur demande, telle que révisée par le Forum mondial sur la transparence et l'échange de renseignements à des fins fiscales. Ces protections comprennent les limitations concernant l'utilisation de l'information, les règles relatives aux personnes auxquelles les informations peuvent être communiquées, l'ordre public, etc.

Cohérence

58. Les juridictions devraient faire tout leur possible pour inscrire dans leur législation l'obligation pour la société mère ultime d'un groupe d'entreprises multinationales résidente sur leur territoire de préparer et déposer la déclaration pays par pays, à moins d'être couverte par l'exemption visée au paragraphe 52. Les juridictions devraient également utiliser le modèle de formulaire normalisé figurant à l'annexe III au Chapitre V de ces Principes.

Autrement dit, aucune juridiction ne pourra exiger que la déclaration pays par pays contienne des informations supplémentaires qui ne figurent pas à l'annexe III, et ne devra omettre d'exiger la communication des informations indiquées à l'annexe III.

Usage approprié

59. Les juridictions devraient faire un usage approprié des renseignements communiqués dans le modèle de formulaire de déclaration pays par pays, conformément au paragraphe 25. Elles s'engageront notamment à utiliser la déclaration pays par pays aux fins de l'évaluation générale des risques liés aux prix de transfert. Elles pourront également utiliser la déclaration pays par pays pour évaluer d'autres risques relatifs au BEPS. Elles ne devraient pas proposer des ajustements sur les revenus d'un contribuable, au moyen d'une formule de répartition basée sur des données provenant de la déclaration pays par pays. Si par ailleurs l'administration fiscale locale de la juridiction procède à de tels ajustements à partir de données issues de la déclaration pays par pays, l'autorité compétente de cette juridiction devra y renoncer promptement en cas de procédure devant l'autorité compétente. Toutefois, cela ne signifie pas que les juridictions ne peuvent pas utiliser les données contenues dans la déclaration pays par pays comme base pour mener des investigations supplémentaires sur les accords de prix de transfert conclus par les entreprises multinationales ou sur d'autres questions fiscales au cours d'un contrôle[1].

E.2.4. Cadre des mécanismes d'échange entre États des déclarations pays par pays et dispositif de mise en œuvre

E.2.4.1. Le cadre

60. Les juridictions doivent exiger, en temps opportun, le dépôt de la déclaration pays par pays par les sociétés mères ultimes des groupes d'entreprises multinationales résidentes dans leur pays et mentionnées à la Section E.2.2 et échanger cette information, sur une base automatique, avec les juridictions dans lesquelles le groupe d'entreprises multinationales opère et qui remplissent par ailleurs les conditions énumérées à la Section E.2.3. Lorsqu'une juridiction ne fournit pas les informations à une juridiction qui remplit les conditions énumérées à la Section E.2.3, aux motifs (a) qu'elle n'exige pas des sociétés mères ultimes de tels groupes d'entreprises multinationales le dépôt de la déclaration pays par pays, (b) qu'elle n'est convenu, en temps opportun, d'aucun accord entre autorités compétentes, fondé sur les accords internationaux existants, pour l'échange des déclarations pays par pays ou (c) que l'absence d'échange effectif de l'information avec une juridiction a été établie, alors qu'elle était convenue avec cette juridiction de le faire, un mécanisme secondaire pourrait être accepté, le cas échéant, prévoyant le dépôt local de la déclaration pays par pays ou le dépôt de la déclaration pays par pays par un membre désigné du groupe d'entreprises multinationales agissant au nom de la société mère ultime, et l'échange de ces déclarations par le pays de la résidence fiscale dudit membre désigné, sur une base automatique.

E.2.4.2. Le dispositif de mise en œuvre

61. Les pays participant au Projet BEPS ont élaboré un dispositif de mise en œuvre pour l'échange entre États des déclarations pays par pays qui figure à l'annexe IV au Chapitre V de ces Principes.

Plus particulièrement :

- Un modèle de législation imposant aux sociétés mères ultimes des groupes d'entreprises multinationales de déposer la déclaration pays par pays dans leur juridiction de résidence a été élaboré. Les juridictions auront la possibilité d'adapter ce modèle de législation à leur propre système juridique, lorsque des modifications de la législation en vigueur s'avèreront nécessaires. Les principaux éléments des mécanismes secondaires ont également été élaborés.
- Des dispositifs de mise en œuvre de l'échange automatique des déclarations pays par pays dans le cadre des accords internationaux, incorporant les conditions énoncées à la Section E.2.3, ont été développés. Ces dispositifs comprennent des accords entre autorités compétentes basés sur les accords internationaux existants (la Convention multilatérale concernant l'assistance administrative mutuelle en matière fiscale, les conventions fiscales bilatérales et les accords d'échange de renseignements fiscaux) et qui s'inspirent des modèles existants établis par l'OCDE, en coopération avec les pays du G20, pour l'échange automatique de renseignements sur les comptes financiers.

62. Les juridictions participantes s'efforceront d'introduire, en tant que de besoin, une législation nationale en temps opportun. Elles sont également encouragées à étendre la couverture de leurs accords internationaux d'échange d'information. Le dispositif de mise en œuvre fera l'objet d'un suivi sur une base continue. Les résultats de ce suivi seront pris en considération lors du réexamen prévu en 2020.

Note

1. L'accès à une procédure amiable sera possible lorsque l'échange entre États des déclarations pays par pays est basé sur les conventions fiscales bilatérales. Dans les cas où les accords internationaux sur lesquels les échanges entre États des déclarations pays par pays sont fondés ne contiennent pas de dispositions permettant l'accès à la procédure amiable, les pays s'engagent à introduire dans l'accord entre autorités compétentes qui sera élaboré, un mécanisme pour les procédures entre autorités compétentes aux fins de discussions dans le but de résoudre les cas de résultats économiques indésirables, y compris si ces cas se présentent pour les entreprises individuelles.

Annexe I au chapitre V

Documentation des prix de transfert – Fichier principal

Les informations suivantes doivent figurer dans le fichier principal :

Structure organisationnelle

- Schéma illustrant la structure juridique et capitalistique du groupe multinational ainsi que la situation géographique des entités opérationnelles.

Description du (des) domaine(s) d'activité du groupe multinational

- Description écrite générale des activités du groupe multinational comprenant :
  - Les sources importantes de bénéfices de l'entreprise ;
  - Une description de la chaîne d'approvisionnement des cinq principaux biens et/ ou services offerts par le groupe (classés en fonction du chiffre d'affaires) ainsi que de tout autre bien et/ou service représentant plus de 5 pour cent du chiffre d'affaires du groupe. La description requise pourrait prendre la forme d'un schéma ou diagramme ;
  - Une liste et une brève description des accords importants de prestation de services entre membres du groupe multinational, autres que les services de recherche-développement (R&D), incluant une description des capacités des principaux sites fournissant des services importants et des politiques appliquées en matière de prix de transfert pour répartir les coûts des services et déterminer les prix facturés pour les services intra-groupe ;
  - Une description des principaux marchés géographiques pour les biens et services du groupe auxquels il est fait référence au deuxième point de cette énumération ;
  - Une brève analyse fonctionnelle écrite décrivant les principales contributions des différentes entités du groupe à la création de valeur, c'est-à-dire les fonctions clés exercées, les risques importants assumés et les actifs importants utilisés ;
  - Une description des opérations importantes de réorganisation d'entreprise ainsi que d'acquisition et de cession d'actifs intervenant au cours de l'exercice fiscal.

Actifs incorporels du groupe multinational (tels que définis au chapitre VI de ces Principes)

- Une description générale de la stratégie globale du groupe multinational en matière de mise au point, de propriété et d'exploitation des actifs incorporels, notamment la localisation des principales installations de R&D et celle de la direction des activités de R&D.
- Une liste des actifs incorporels ou des catégories d'actifs incorporels du groupe multinational qui sont importants pour l'établissement des prix de transfert, ainsi que des entités qui en sont légalement propriétaires.
- Une liste des accords importants entre entreprises associées identifiées relatifs aux actifs incorporels, y compris les accords de répartition des coûts, les principaux accords de services de recherche et les accords de licence.
- Une description générale des politiques du groupe en matière de prix de transfert relatives à la R&D et aux actifs incorporels.
- Une description générale des éventuels transferts importants de parts d'actifs incorporels entre entreprises associées au cours de l'exercice fiscal considéré, mentionnant les entités, les pays et les rémunérations correspondantes.

Activités financières interentreprises du groupe multinational

- Une description générale de la façon dont le groupe est financé, y compris des accords de financement importants conclus avec des prêteurs indépendants du groupe multinational.
- L'identification de tous les membres du groupe multinational exerçant une fonction centrale de financement pour le groupe, y compris du pays de constitution des entités considérées et de leur siège de direction effective.
- Une description générale des politiques du groupe multinational en matière de prix de transfert relatives aux accords de financement entre entreprises associées.

Situations financière et fiscale du groupe multinational

- Les états financiers consolidés annuels du groupe multinational pour l'exercice fiscal considéré s'ils sont préparés par ailleurs à des fins d'information financière, réglementaires, de gestion interne, fiscales ou autres.
- Une liste et une description brève des accords préalables en matière de prix de transfert (APP) unilatéraux conclus par le groupe et autres décisions des autorités fiscales concernant la répartition des bénéfices entre pays.

Annexe II au chapitre V

Documentation des prix de transfert – Fichier local

Les informations suivantes doivent figurer dans le fichier local :

Entité locale

- Une description de la structure de gestion de l'entité locale, un organigramme local, et une description des personnes auxquelles l'encadrement local rend des comptes et du (des) pays dans lequel (lesquels) se trouve l'établissement principal de ces personnes.
- Une description précise des activités effectuées et de la stratégie d'entreprise mise en œuvre par l'entité locale, indiquant notamment si cette entité locale a été impliquée dans ou affectée par des réorganisations d'entreprises ou des transferts d'actifs incorporels pendant l'année en cours ou la précédente, et expliquant quels sont les aspects de ces transactions qui affectent l'entité locale.
- Principaux concurrents.

Transactions contrôlées

Pour chaque catégorie importante de transactions contrôlées dans lesquelles l'entité est impliquée, fournir les informations suivantes :

- Une description des transactions contrôlées importantes (telles que l'achat de services de fabrication, l'acquisition de biens, la fourniture de services, les prêts, les garanties financières et garanties de bonne exécution, la concession de licences portant sur des actifs incorporels, etc.) et du contexte dans lequel se déroulent ces transactions.
- Les montants des paiements et recettes intra-groupe pour chaque catégorie de transactions contrôlées impliquant l'entité locale (c'est-à-dire des paiements et recettes correspondant à des biens, des services, des redevances, des intérêts, etc.) ventilés en fonction de la juridiction fiscale du payeur ou du bénéficiaire étranger.
- Une identification des entreprises associées impliquées dans chaque catégorie de transactions contrôlées et des relations qu'elles entretiennent.
- Une copie de tous les accords interentreprises importants conclus par l'entité locale.
- Une analyse de comparabilité et une analyse fonctionnelle détaillées du contribuable et des entreprises associées pertinentes pour chaque catégorie de transactions contrôlées évoquée dans la documentation, y compris les éventuels changements par rapport aux années précédentes[1].

- Une indication de la méthode de détermination des prix de transfert la plus adaptée au regard de la catégorie de transactions considérée et des raisons pour lesquelles cette méthode a été choisie.
- Une indication de l'entreprise associée choisie comme partie testée, le cas échéant, et une explication des raisons de cette sélection.
- Une synthèse des hypothèses importantes qui ont été posées pour appliquer la méthode de fixation des prix de transfert retenue.
- Le cas échéant, une explication des raisons pour lesquelles une analyse pluriannuelle a été réalisée.
- Une liste et une description de certaines transactions comparables sur le marché libre (internes ou externes), le cas échéant, et des informations sur les indicateurs financiers pertinents relatifs à des entreprises indépendantes utilisés dans le cadre de l'analyse des prix de transfert, y compris une description de la méthode de recherche de données comparables et de la source de ces informations.
- Une description des éventuels ajustements de comparabilité effectués, étant entendu qu'il conviendra d'indiquer si ces ajustements ont été apportés aux résultats de la partie testée, aux transactions comparables sur le marché libre, ou aux deux.
- Une description des raisons pour lesquelles il a été conclu que les prix des transactions considérées avaient été établis conformément au principe de pleine concurrence via l'application de la méthode de détermination des prix de transfert retenue.
- Une synthèse des informations financières utilisées pour appliquer la méthode de détermination des prix de transfert.
- Une copie des accords de fixation préalable de prix de transfert (APP) unilatéraux, bilatéraux et multilatéraux existants ainsi que des autres décisions des autorités fiscales auxquelles la juridiction fiscale locale n'est pas partie et qui sont liées à des transactions contrôlées décrites plus haut.

Informations financières

- Les comptes financiers annuels de l'entité locale pour l'exercice fiscal considéré. S'il existe des états financiers vérifiés, ils doivent être fournis et dans le cas contraire, il conviendra de fournir les états financiers non vérifiés existants.
- Des informations et des tableaux de répartition montrant comment les données financières utilisées pour appliquer la méthode de détermination des prix de transfert peuvent être reliées aux états financiers annuels.
- Tableaux synthétiques des données financières se rapportant aux comparables utilisés dans le cadre de l'analyse et des sources dont sont tirées ces données.

Note

1. Si cette analyse fonctionnelle fait double emploi avec des informations figurant dans le fichier principal, un renvoi à ce dernier est suffisant.

Annexe III au chapitre V

Documentation des prix de transfert – Déclaration pays par pays

A. Modèle de formulaire de déclaration pays par pays

Tableau 1. **Vue d'ensemble de la répartition des bénéfices, des impôts et des activités par juridiction fiscale**

Nom du groupe d'entreprises multinationales : Exercice fiscal considéré : Monnaie utilisée :										
Juridiction fiscale	Chiffre d'affaires			Bénéfice (perte) avant impôts	Impôts sur les bénéfices acquittés (sur la base des règlements effectifs)	Impôts sur les bénéfices dus – année en cours	Capital social	Bénéfices non distribués	Nombre d'employés	Actifs corporels hors trésorerie et équivalents de trésorerie
	Partie indépendante	Partie liée	Total							

Tableau 2. **Liste de toutes les entités constitutives du groupe d'entreprises multinationales correspondant aux données agrégées par juridiction fiscale**

Nom du groupe d'entreprises multinationales :
Exercice fiscal considéré :

Juridiction fiscale	Entités constitutives résidentes de la juridiction fiscale	Juridiction fiscale de constitution si elle diffère de la juridiction fiscale de résidence	*Principale(s) activité(s)*												
			Recherche-développement (R&D)	Détention ou gestion de droits de propriété intellectuelle	Achats ou approvisionnement	Fabrication ou production	Vente, commercialisation ou distribution	Services administratifs, de gestion ou de soutien	Fourniture de services à des parties indépendantes	Financement interne du groupe	Services financiers réglementés	Assurance	Détention d'actions ou d'autres instruments de fonds propres	Activités dormantes	Autres[1]
	1.														
	2.														
	3.														
	1.														
	2.														
	3.														

1. Veuillez préciser la nature de l'activité de l'entité constitutive dans la partie « Informations complémentaires ».

Tableau 3. **Informations complémentaires**

Nom du groupe d'entreprises multinationales : Exercice fiscal considéré :
Veuillez ajouter dans cette rubrique les informations ou explications succinctes complémentaires qui vous semblent nécessaires ou qui faciliteraient la compréhension des informations obligatoires fournies dans la déclaration pays par pays.

B. Instructions générales concernant le formulaire de déclaration pays par pays

Objet

Cette annexe III au chapitre V de ces Principes contient un modèle de formulaire de déclaration permettant de rendre compte de la répartition des bénéfices, des impôts et des activités d'un groupe d'entreprises multinationales juridiction fiscale par juridiction fiscale. Ces instructions font partie intégrante du modèle de formulaire de déclaration pays par pays.

Définitions

Entreprise multinationale déclarante

Une entreprise multinationale déclarante est l'entité mère ultime d'un groupe d'entreprises multinationales.

Entité constitutive

Aux fins de l'annexe III, une entité constitutive d'un groupe d'entreprises multinationales désigne (i) toute unité opérationnelle distincte d'un groupe d'entreprises multinationales qui est intégrée dans les états financiers consolidés du groupe d'entreprises multinationales à des fins d'information financière, ou qui le serait si des participations dans cette unité opérationnelle d'un groupe d'entreprises multinationales étaient cotées en bourse; (ii) toute unité opérationnelle qui est exclue des états financiers consolidés du groupe d'entreprises multinationales uniquement pour des raisons de taille ou d'importance relative; et (iii) tout établissement stable d'une unité opérationnelle distincte du groupe d'entreprises multinationales appartenant aux catégories (i) ou (ii) supra sous réserve que l'unité opérationnelle établisse un état financier distinct pour cet établissement stable à des fins réglementaires, d'information financière, de gestion interne ou fiscales.

Traitement des établissements stables et des succursales

Les données relatives à un établissement stable doivent être communiquées en fonction de la juridiction fiscale dans laquelle il se trouve et non de la juridiction fiscale de résidence de l'unité opérationnelle dont l'établissement stable fait partie. Les informations communiquées dans la juridiction fiscale de résidence concernant l'unité opérationnelle dont l'établissement stable considéré fait partie ne devraient pas intégrer les données financières relatives à cet établissement stable.

États financiers consolidés

Les états financiers consolidés désignent les états financiers d'un groupe d'entreprises multinationales dans lesquels les actifs, les passifs, les recettes, les dépenses et les flux de trésorerie de l'entité mère ultime et des entités constitutives sont présentés comme étant ceux d'une seule entité économique.

Période couverte par le formulaire de déclaration annuelle

Le formulaire de déclaration doit couvrir l'exercice fiscal de l'entreprise multinationale déclarante. Pour les entités constitutives, à la discrétion de l'entreprise multinationale déclarante, le formulaire de déclaration doit refléter de manière cohérente soit (i) les informations relatives à l'exercice fiscal des entités constitutives considérées s'achevant le même jour que l'exercice fiscal de l'entreprise multinationale déclarante, ou s'achevant au cours des 12 mois précédant cette date, soit (ii) les informations relatives à toutes les entités constitutives concernées déclarées pour l'exercice fiscal de l'entreprise multinationale déclarante.

Source des données

L'entreprise multinationale déclarante doit utiliser de manière cohérente les mêmes sources de données d'une année à l'autre pour compléter le formulaire de déclaration. L'entreprise multinationale déclarante peut choisir d'utiliser des données tirées de ses états consolidés, des états financiers distincts relatifs aux entités qui sont prévus par la loi, des états financiers prévus par la réglementation, ou de comptes de gestion internes. Il n'est pas nécessaire de rapprocher des états financiers consolidés les données relatives au chiffre d'affaires, aux bénéfices et aux impôts figurant dans le formulaire. Si les états financiers prévus par la loi sont utilisés comme base de déclaration, tous les montants doivent être convertis dans la monnaie fonctionnelle déclarée de l'entreprise multinationale déclarante sur la base du taux de change moyen de l'année déclarée dans la partie Informations complémentaires du formulaire. En revanche, il n'est pas nécessaire de réaliser des ajustements pour tenir compte des différences de principes comptables appliqués entre juridictions fiscales.

L'entreprise multinationale déclarante doit fournir une brève description des sources de données utilisées pour préparer le formulaire dans sa partie Informations complémentaires. Si une modification est apportée à une source de données utilisée d'une année à l'autre, l'entreprise multinationale déclarante doit expliquer les raisons de ce changement et ses conséquences dans la partie Informations complémentaires du formulaire.

C. Instructions spécifiques concernant le formulaire de déclaration pays par pays

Vue d'ensemble de la répartition des bénéfices, des impôts et des activités par juridiction fiscale (Tableau 1)

Juridiction fiscale

Dans la première colonne du formulaire, l'entreprise multinationale déclarante doit recenser l'ensemble des juridictions fiscales dans lesquelles les entités constitutives du groupe d'entreprises multinationales sont résidentes à des fins fiscales. L'expression « juridiction fiscale » désigne toute juridiction autonome sur le plan fiscal, qu'il s'agisse ou non d'un État. Une ligne distincte doit être ajoutée pour toutes les entités constitutives du groupe d'entreprises multinationales qui sont considérées par l'entreprise multinationale déclarante comme ne résidant dans aucune juridiction fiscale à des fins fiscales. Si une entité constitutive réside dans plus d'une juridiction fiscale, la règle de départage prévue par la convention fiscale applicable doit être utilisée pour déterminer la juridiction fiscale de résidence. Lorsqu'il n'existe pas de convention fiscale applicable, l'entité constitutive doit être déclarée dans la juridiction fiscale du siège de direction effective de l'entité constitutive. Le siège de direction effective doit être déterminé conformément aux dispositions de l'Article 4 du Modèle de Convention fiscale de l'OCDE et des commentaires y afférents.

Chiffre d'affaires

Dans les trois colonnes du formulaire correspondant à la rubrique « Chiffre d'affaires », l'entreprise multinationale déclarante doit fournir les informations suivantes : (i) la somme des chiffres d'affaires de toutes les entités constitutives du groupe d'entreprises multinationales dans les juridictions fiscales concernées résultant de transactions avec des entreprises associées ; (ii) la somme des chiffres d'affaires de toutes les entités constitutives du groupe multinational dans les juridictions fiscales concernées résultant de transactions avec des parties indépendantes ; et (iii) le total de (i) et (ii). Le chiffre d'affaires doit inclure les recettes provenant des ventes de marchandises en stock et de biens immobiliers, de services, de redevances, d'intérêts, de primes et tout autre montant pertinent. Les recettes doivent exclure les paiements reçus d'autres entités constitutives qui sont considérés comme des dividendes dans la juridiction fiscale du payeur.

Bénéfice (perte) avant impôts

Dans la cinquième colonne du formulaire, l'entreprise multinationale déclarante doit indiquer la somme des bénéfices (pertes) avant impôts de toutes les entités constitutives résidentes à des fins fiscales dans la juridiction fiscale concernée. Le bénéfice ou la perte avant impôts doit inclure tous les produits et charges exceptionnels.

Impôts sur les bénéfices acquittés (sur la base des règlements effectifs)

Dans la sixième colonne du formulaire, l'entreprise multinationale déclarante doit indiquer le montant total des impôts sur les bénéfices effectivement payés au cours de l'exercice fiscal considéré par l'ensemble des entités constitutives résidentes à des fins fiscales dans la juridiction fiscale concernée. Les impôts acquittés doivent inclure les impôts décaissés par l'entité constitutive ayant été versés à la juridiction fiscale de résidence et à toutes les autres juridictions fiscales. Les impôts acquittés doivent inclure les retenues à la source payées par d'autres entités (entreprises associées et entreprises indépendantes) concernant des paiements reçus par l'entité constitutive. Par conséquent, si l'entreprise A résidente de la juridiction fiscale A encaisse des intérêts dans la juridiction fiscale B, la retenue à la source effectuée dans la juridiction fiscale B doit être déclarée par l'entreprise A.

Impôts sur les bénéfices dus (année en cours)

Dans la septième colonne du formulaire, l'entreprise multinationale déclarante doit indiquer la somme des charges d'impôts exigibles sur les bénéfices ou pertes imposables de l'année de déclaration de toutes les entités constitutives résidentes à des fins fiscales dans la juridiction fiscale considérée. Les charges d'impôts exigibles doivent correspondre uniquement aux opérations de l'année en cours et ne doivent pas inclure les impôts différés, ni les provisions constituées au titre de charges fiscales incertaines.

Capital social

Dans la huitième colonne du formulaire, l'entreprise multinationale déclarante doit indiquer la somme des capitaux sociaux de toutes les entités constitutives résidentes à des fins fiscales dans les juridictions fiscales concernées. S'agissant des établissements stables, leur capital social doit être déclaré par l'entité juridique dont ils constituent un établissement stable, sauf si l'établissement stable considéré est soumis à des prescriptions réglementaires en matière de capital social dans sa juridiction fiscale.

Bénéfices non distribués

Dans la neuvième colonne du formulaire, l'entreprise multinationale déclarante doit indiquer la somme de tous les bénéfices non distribués de l'ensemble des entités constitutives résidentes à des fins fiscales dans la juridiction fiscale concernée à la fin de l'année. S'agissant des établissements stables, leurs bénéfices non distribués doivent être déclarés par l'entité juridique dont ils constituent un établissement stable.

Nombre d'employés

Dans la dixième colonne du formulaire, l'entreprise multinationale déclarante doit indiquer le nombre total des employés en équivalent temps plein (ETP) de l'ensemble des entités constitutives résidentes à des fins fiscales dans la juridiction fiscale concernée. Le nombre d'employés peut être déclaré à la fin de l'année, sur la base des niveaux moyens d'effectifs de l'année, ou sur toute autre base appliquée de manière cohérente dans les différentes juridictions fiscales et d'une année à l'autre. À cette fin, les travailleurs indépendants participant aux activités d'exploitation ordinaires de l'entité constitutive peuvent être déclarés comme employés. Il est permis de fournir un arrondi ou une approximation raisonnable du nombre d'employés, à condition que cet arrondi ou cette approximation ne fausse pas de manière importante la répartition des employés en termes relatifs entre les différentes juridictions fiscales. Des approches cohérentes doivent être appliquées d'une année à l'autre et d'une entité à l'autre.

Actifs corporels hors trésorerie et équivalents de trésorerie

Dans la onzième colonne du formulaire, l'entreprise multinationale déclarante doit indiquer la somme des valeurs comptables nettes des actifs corporels de l'ensemble des entités constitutives résidentes à des fins fiscales dans la juridiction fiscale concernée. S'agissant des établissements stables, leurs actifs doivent être déclarés en fonction de la juridiction fiscale dans laquelle l'établissement stable considéré se trouve. À cette fin, les actifs corporels n'incluent pas la trésorerie et les équivalents de trésorerie, les actifs incorporels, ni les actifs financiers.

Liste de toutes les entités constitutives du groupe d'entreprises multinationales correspondant aux données agrégées par juridiction fiscale (Tableau 2)

Entités constitutives résidentes de la juridiction fiscale

L'entreprise multinationale déclarante doit indiquer, juridiction fiscale par juridiction fiscale et par nom d'entité juridique, toutes les entités constitutives du groupe d'entreprises multinationales qui sont résidentes à des fins fiscales de la juridiction fiscale concernée. Comme indiqué plus haut, toutefois, les établissements stables doivent être recensés en fonction de la juridiction fiscale dans laquelle ils se trouvent. Il convient de préciser l'entité juridique dont ils constituent un établissement stable (en indiquant par exemple : Société XYZ – Juridiction fiscale A ES).

Juridiction fiscale de constitution si elle diffère de la juridiction fiscale de résidence

L'entreprise multinationale déclarante doit indiquer le nom de la juridiction fiscale selon le droit de laquelle l'entité constitutive de l'entreprise multinationale est constituée si elle est différente de sa juridiction fiscale de résidence.

Principale(s) activité(s)

L'entreprise multinationale déclarante doit indiquer la nature de la (des) principale(s) activité(s) exercée(s) par l'entité constitutive dans la juridiction fiscale concernée, en cochant une ou plusieurs des cases correspondantes aux rubriques ci-après.

Activités
Recherche-développement (R&D)
Détention ou gestion de droits de propriété intellectuelle
Achats ou approvisionnement
Fabrication ou production
Vente, commercialisation ou distribution
Services administratifs, de gestion ou de soutien
Fourniture de services à des parties indépendantes
Financement interne du groupe
Services financiers réglementés
Assurance
Détention d'actions ou d'autres instruments de fonds propres
Activités dormantes
Autres [1]

1. Veuillez préciser la nature de l'activité de l'entité constitutive dans la partie « Informations complémentaires ».

Annexe IV au Chapitre V

Dispositif de mise en œuvre des déclarations pays par pays

Introduction

Afin de faciliter la mise en œuvre cohérente et rapide des normes relatives à la déclaration pays par pays élaborées dans le cadre de l'Action 13 du Plan d'action concernant l'érosion de la base d'imposition et le transfert de bénéfices (Plan d'action BEPS, OCDE, 2013), les pays participant au Projet BEPS sont convenus d'un dispositif de mise en œuvre. Ce dispositif comprend (i) un modèle de législation dont les pays peuvent s'inspirer pour requérir de la société mère ultime d'un groupe d'entreprises multinationales le dépôt de la déclaration pays par pays dans sa juridiction de résidence, incluant des mécanismes secondaires de dépôt, et (ii) trois modèles d'accords entre autorités compétentes pouvant servir à faciliter l'échange effectif des déclarations pays par pays, basés respectivement sur 1) la Convention concernant l'assistance administrative mutuelle en matière fiscale, 2) les conventions fiscales bilatérales et 3) les accords d'échange de renseignements fiscaux. Il est admis que les pays en développement peuvent avoir besoin d'aide pour la mise en œuvre effective de la déclaration pays par pays.

Modèle de législation

Le modèle de législation figurant dans le dispositif de mise en œuvre de la déclaration pays par pays n'est pas basé sur le système juridique et constitutionnel d'un pays donné, ni sur la structure ou le contenu de sa législation fiscale. Les pays sont libres d'adapter ce modèle de législation à leur propre système juridique dès lors qu'il apparaît nécessaire d'apporter des modifications à la législation en vigueur.

Accords entre autorités compétentes

Selon l'article 6 de la Convention concernant l'assistance administrative mutuelle en matière fiscale (ci-après « la Convention »), les autorités compétentes des parties à la Convention doivent définir d'un commun accord la portée de l'échange automatique de renseignements et la procédure à suivre. Dans le contexte de la Norme commune de déclaration, cette obligation a donné lieu à un Accord multilatéral entre autorités compétentes qui définit la portée, le calendrier, les procédures et les dispositifs de protection qui régissent l'échange automatique.

La mise en œuvre de l'échange automatique de renseignements au moyen d'un Accord multilatéral entre autorités compétentes dans le contexte de la Norme commune de déclaration s'étant avérée à la fois rapide et économe en ressources, la même approche pourrait être suivie pour l'échange automatique de renseignements relatifs aux déclarations pays par pays. Aussi, l'Accord multilatéral entre autorités compétentes portant sur l'échange des déclarations pays par pays a été élaboré sur la base de la Convention et en s'inspirant de l'Accord multilatéral entre autorités compétentes conclu dans le cadre de la Norme commune de déclaration. En outre, deux autres modèles d'accord entre autorités compétentes ont été mis au point pour l'échange des déclarations pays par pays : l'un pour les échanges effectués en vertu des conventions fiscales bilatérales, et l'autre pour les échanges effectués en vertu d'accords d'échange de renseignements fiscaux.

Conformément au paragraphe 5 du Chapitre V de ces Principes, l'un des trois objectifs de la documentation des prix de transfert est de procurer aux administrations fiscales les informations nécessaires pour procéder à une évaluation éclairée des risques liés aux prix de transfert; pour sa part, le paragraphe 10 du Chapitre V de ces Principes indique qu'une identification et une évaluation efficaces des risques constituent une première étape essentielle du processus de sélection des dossiers de prix de transfert à contrôler. Les déclarations pays par pays échangées sur la base des modèles d'accords entre autorités compétentes contenus dans le présent dispositif de mise en œuvre constituent l'une des trois composantes de la documentation des prix de transfert. Conformément aux paragraphes 16, 17 et 25 du Chapitre V de ces Principes, elles donneront aux administrations fiscales des informations fiables et pertinentes pour effectuer une analyse efficace et robuste des risques liés aux prix de transfert. Dans ce contexte, les modèles d'accord entre autorités compétentes constituent le cadre qui permet de mettre les informations figurant dans la déclaration pays par pays à la disposition des autorités fiscales concernées, ces informations étant vraisemblablement pertinentes pour l'administration et l'application de leurs lois fiscales via l'échange automatique de renseignements.

L'Accord multilatéral entre autorités compétentes portant sur l'échange des déclarations pays par pays a pour objectif de définir les règles et les procédures nécessaires pour permettre aux autorités compétentes des juridictions qui mettent en œuvre l'action 13 du projet BEPS d'échanger automatiquement les déclarations pays par pays, préparées par l'entité déclarante d'un groupe d'entreprises multinationales et remises chaque année aux autorités fiscales de la juridiction de résidence fiscale de cette entité, avec les autorités fiscales de toutes les juridictions dans lesquelles le groupe d'entreprises multinationales exerce des activités.

La formulation de la plupart des dispositions est, sur le fond, comparable au texte de l'Accord multilatéral entre autorités compétentes qui régit les échanges au titre de la Norme commune de déclaration. Lorsque cela s'est avéré nécessaire, le texte a été complété ou modifié pour refléter les orientations sur la déclaration pays par pays figurant au Chapitre V de ces Principes.

En outre, un Schéma XML et un Guide de l'utilisateur devraient prochainement être développés afin de permettre l'échange des déclarations pays par pays par voie électronique.

Modèle de législation concernant la déclaration pays par pays

Article 1
Définitions

Aux fins du présent [titre de la loi], les expressions et termes suivants ont le sens défini ci-après :

1. Le terme « Groupe » désigne un ensemble d'entreprises liées en vertu de la structure de propriété ou de contrôle, tenu à ce titre d'établir des États financiers consolidés conformes aux principes comptables applicables à des fins d'information financière, ou qui serait tenu de le faire si des participations dans l'une ou l'autre de ces entreprises étaient cotées en bourse.

2. L'expression « Groupe d'entreprises multinationales » désigne tout groupe qui (i) comprend deux entreprises ou plus, dont la résidence fiscale se trouve dans des juridictions différentes, ou qui comprend une entreprise établie dans une juridiction à des fins fiscales mais qui est soumise à l'impôt dans une autre juridiction au titre des activités exercées par l'intermédiaire d'un établissement stable, et (ii) qui n'est pas un Groupe d'entreprises multinationales exclu.

3. L'expression « Groupe d'entreprises multinationales exclu » désigne, au titre d'un Exercice fiscal quelconque du Groupe, un Groupe qui a réalisé un chiffre d'affaires total consolidé inférieur à [750 millions d'euros] / [indiquer un montant en devise locale équivalent à 750 millions d'euros en janvier 2015] au cours de l'Exercice fiscal qui précède immédiatement l'Exercice fiscal déclarable, ainsi qu'il ressort de ses États financiers consolidés au titre de cet exercice fiscal antérieur.

4. L'expression « Entité constitutive » désigne (i) toute unité opérationnelle distincte d'un Groupe d'entreprises multinationales qui est intégrée dans les États financiers consolidés du Groupe d'entreprises multinationales à des fins d'information financière, ou qui le serait si des participations dans cette unité opérationnelle d'un Groupe d'entreprises multinationales étaient cotées en bourse; (ii) toute unité opérationnelle qui est exclue des États financiers consolidés du Groupe d'entreprises multinationales uniquement pour des raisons de taille ou d'importance relative; et (iii) tout établissement stable d'une unité opérationnelle distincte du Groupe d'entreprises multinationales appartenant aux catégories (i) ou (ii) supra sous réserve que l'unité opérationnelle établisse un état financier distinct pour cet établissement stable à des fins réglementaires, fiscales, d'information financière, ou de gestion interne.

5. L'expression « Entité déclarante » désigne l'Entité constitutive tenue de déposer une Déclaration pays par pays conforme aux exigences de l'article 4 dans sa juridiction de résidence fiscale pour le compte du Groupe d'entreprises multinationales. L'Entité déclarante peut être l'Entité mère ultime, l'Entité mère de substitution ou toute entité décrite au paragraphe 2 de l'article 2.

6. L'expression « Entité mère ultime » désigne une Entité constitutive d'un Groupe d'entreprises multinationales qui remplit les critères suivants :

(i) elle détient directement ou indirectement une participation suffisante dans une ou plusieurs autres Entités constitutives de ce Groupe d'entreprises multinationales de sorte qu'elle est tenue d'établir des États financiers consolidés selon les principes comptables généralement utilisés dans sa juridiction de résidence fiscale, ou serait tenue de le faire si ses participations étaient cotées en bourse dans sa juridiction de résidence fiscale ; et

(ii) aucune autre Entité constitutive d'un tel Groupe d'entreprises multinationales ne détient directement ou indirectement une participation décrite à l'alinéa (i) supra dans l'Entité constitutive susmentionnée.

7. L'expression « Entité mère de substitution » désigne une Entité constitutive du Groupe d'entreprises multinationales qui a été mandatée par ce Groupe, en qualité d'unique substitut de l'Entité mère ultime, pour déposer la Déclaration pays par pays dans la juridiction de résidence fiscale de cette Entité constitutive, pour le compte de ce Groupe d'entreprises multinationales, lorsqu'une ou plusieurs des conditions exposées à l'alinéa (ii) du paragraphe 2 de l'article 2 s'appliquent.

8. L'expression « Exercice fiscal » désigne une période comptable annuelle pour laquelle l'Entité mère ultime du Groupe d'entreprises multinationales établit ses états financiers.

9. L'expression « Exercice fiscal déclarable » désigne l'exercice fiscal dont les résultats financiers et opérationnels sont reflétés dans la Déclaration pays par pays définie à l'article 4.

10. L'expression « Accord éligible entre autorités compétentes » désigne un accord (i) conclu entre des représentants autorisés des juridictions qui sont parties à un Accord international et (ii) qui prévoit l'échange automatique des Déclarations pays par pays entre les juridictions parties.

11. L'expression « Accord international » désigne la Convention multilatérale concernant l'assistance administrative mutuelle en matière fiscale, toute convention fiscale bilatérale ou multilatérale, ou tout accord d'échange de renseignements fiscaux auquel le [Pays] est partie, et dont les dispositions confèrent le pouvoir juridique d'échanger des renseignements fiscaux entre juridictions, y compris de façon automatique.

12. L'expression « États financiers consolidés » désigne les états financiers d'un Groupe d'entreprises multinationales dans lesquels les actifs, les passifs, les recettes, les dépenses et les flux de trésorerie de l'Entité mère ultime et des Entités constitutives sont présentés comme étant ceux d'une seule entité économique.

13. L'expression « Défaillance systémique » au regard d'une juridiction signifie qu'une juridiction a conclu un Accord éligible entre autorités compétentes avec le [Pays], mais a suspendu l'échange automatique (pour des raisons autres que celles prévues par les dispositions de cet Accord) ou a négligé de façon persistante de transmettre automatiquement au [Pays] les Déclarations pays par pays en sa possession relatives à des Groupes d'entreprises multinationales qui ont des Entités constitutives dans le [Pays].

Article 2
Obligation déclarative

1. Chaque Entité mère ultime d'un Groupe d'entreprises multinationales qui réside à des fins fiscales dans le [Pays] doit remettre à l'[Administration fiscale du Pays] une Déclaration pays par pays conforme aux exigences de l'article 4 portant sur son Exercice fiscal déclarable, à la date prévue par l'article 5 ou avant cette date.

2. Une Entité constitutive qui n'est pas l'Entité mère ultime d'un Groupe d'entreprises multinationales doit remettre à l'[Administration fiscale du Pays] une Déclaration pays par pays conforme aux exigences de l'article 4 portant sur l'Exercice fiscal déclarable du Groupe d'entreprises multinationales dont elle est une Entité constitutive, à la date prévue par l'article 5 ou avant cette date, si les critères suivants sont remplis :

(i) l'entité réside dans le [Pays] à des fins fiscales ; et

(ii) l'une des conditions suivantes s'applique :

a) l'Entité mère ultime du Groupe d'entreprises multinationales n'est pas tenue de déposer une Déclaration pays par pays dans sa juridiction de résidence fiscale ; ou

b) la juridiction où réside l'Entité mère ultime à des fins fiscales a conclu un Accord international dont le [Pays] est partie, mais n'a pas d'Accord éligible entre autorités compétentes en vigueur auquel le [Pays] est partie à la date indiquée à l'article 5 pour le dépôt de la Déclaration pays par pays correspondant à l'Exercice fiscal déclarable ; ou

c) une Défaillance systémique de la juridiction de résidence fiscale de l'Entité mère ultime a été notifiée par l'[Administration fiscale du Pays] à l'Entité constitutive résidente dans le [Pays] à des fins fiscales.

Lorsque plusieurs Entités constitutives du même Groupe d'entreprises multinationales sont résidentes dans le [Pays] à des fins fiscales et si une ou plusieurs des conditions prévues à l'alinéa (ii) ci-dessus s'appliquent, le Groupe d'entreprises multinationales peut désigner l'une de ces Entités constitutives pour remettre à l'[Administration fiscale du Pays] la Déclaration pays par pays conforme aux exigences de l'article 4 et établie au titre d'un Exercice fiscal déclarable quelconque, à la date indiquée à l'article 5 ou avant, et informer l'[Administration fiscale du Pays] que ce dépôt vise à remplir l'obligation déclarative impartie à toutes les Entités constitutives de ce Groupe d'entreprises multinationales qui résident dans le [Pays] à des fins fiscales.

3. Nonobstant les dispositions du paragraphe 2 de l'article 2, lorsque l'une ou plusieurs des conditions visées à l'alinéa (ii) du paragraphe 2 de l'article 2 s'appliquent, une entité décrite au paragraphe 2 de l'article 2 n'est pas tenue de remettre à l'[Administration fiscale du Pays] la Déclaration pays par pays relative à un Exercice fiscal déclarable si le Groupe d'entreprises multinationales dont elle est une Entité constitutive a communiqué la Déclaration pays par pays conforme aux exigences de l'article 4 pour cet Exercice fiscal à une Entité mère de substitution et que cette dernière remet ladite déclaration à l'autorité fiscale de sa juridiction de résidence fiscale à la date indiquée à l'article 5 ou avant, dès lors que les conditions suivantes sont remplies :

a) la juridiction de résidence fiscale de l'Entité mère de substitution impose le dépôt des Déclarations pays par pays répondant aux exigences prévues par l'article 4 ;

b) la juridiction de résidence fiscale de l'Entité mère de substitution a conclu un Accord éligible entre autorités compétentes dont le [Pays] est partie à la date indiquée à l'article 5 pour le dépôt de la Déclaration pays par pays relative à l'Exercice fiscal déclarable ;

c) la juridiction de résidence fiscale de l'Entité mère de substitution n'a pas informé l'[Administration fiscale du Pays] d'une Défaillance systémique ;

d) la juridiction de résidence fiscale de l'Entité mère de substitution a été informée, selon les modalités prévues par le paragraphe 1 de l'article 3, par l'Entité constitutive résidente à des fins fiscales de sa juridiction que cette dernière est l'Entité mère de substitution ; et

e) une notification conforme aux dispositions prévues par le paragraphe 2 de l'article 3 a été adressée à l'[Administration fiscale du Pays].

Article 3
Notification

1. Une Entité constitutive d'un Groupe d'entreprises multinationales qui réside dans le [Pays] à des fins fiscales doit indiquer à l'[Administration fiscale du Pays] si elle est l'Entité mère ultime ou l'Entité mère de substitution, au plus tard [le dernier jour de l'Exercice fiscal déclarable de ce Groupe d'entreprises multinationales].

2. Lorsqu'une Entité constitutive d'un Groupe d'entreprises multinationales qui réside dans le [Pays] à des fins fiscales n'est pas l'Entité mère ultime ou l'Entité mère de substitution, elle doit indiquer à l'[Administration fiscale du Pays] l'identité et la résidence fiscale de l'Entité déclarante, au plus tard [le dernier jour de l'Exercice fiscal déclarable de ce Groupe d'entreprises multinationales].

Article 4
Déclaration pays par pays

1. Aux fins de [titre de la loi], une Déclaration pays par pays portant sur un Groupe d'entreprises multinationales est une déclaration qui contient :

(i) des informations agrégées sur le chiffre d'affaires, le bénéfice (la perte) avant impôts, les impôts sur les bénéfices acquittés, les impôts sur les bénéfices dus, le capital social, les bénéfices non distribués, les effectifs et les actifs corporels hors trésorerie ou équivalents de trésorerie pour chacune des juridictions dans lesquelles le Groupe d'entreprises multinationales exerce des activités ;

(ii) l'identité de chaque Entité constitutive du Groupe d'entreprises multinationales, précisant la juridiction de résidence fiscale de cette Entité constitutive et, si elle diffère de la juridiction de résidence fiscale, la juridiction selon les lois de laquelle cette Entité constitutive est organisée, ainsi que la nature de son activité ou de ses activités commerciales principales.

2. La Déclaration pays par pays doit être établie selon les formes prescrites et en suivant les définitions et instructions indiquées dans le modèle type qui se trouve à [l'Annexe III au Chapitre V des Principes applicables en matière de prix de transfert tels que modifiés périodiquement] / [l'Annexe III au rapport *Documentation des prix de transfert et déclarations pays par pays* relatif à l'Action 13 du Plan d'action concernant l'érosion de la base d'imposition et le transfert de bénéfices] / [l'Annexe à cette loi].

Article 5
Délai de dépôt

La Déclaration pays par pays prévue par [titre de la loi] doit être déposée au plus tard 12 mois après le dernier jour de l'Exercice fiscal déclarable du Groupe d'entreprises multinationales.

Article 6
Utilisation et confidentialité des informations contenues dans la Déclaration pays par pays

1. L'[Administration fiscale du Pays] doit utiliser la Déclaration pays par pays dans le but de procéder à une évaluation générale des risques liés aux prix de transfert et d'autres risques d'érosion de la base d'imposition et de transfert de bénéfices dans le [Pays], y compris le risque de non-respect des règles applicables en matière de prix de transfert par des membres du Groupe d'entreprises multinationales et, le cas échéant, à des fins d'analyse économique et statistique. L'[Administration fiscale du Pays] ne se basera pas sur la Déclaration pays par pays pour procéder à des ajustements des prix de transfert.

2. L'[Administration fiscale du Pays] doit préserver la confidentialité des informations qui figurent dans la Déclaration pays par pays au moins dans la même mesure que si ces informations lui étaient communiquées en vertu des dispositions de la Convention multilatérale concernant l'assistance administrative mutuelle en matière fiscale.

Article 7
Pénalités

Ce modèle de législation ne prévoit pas de dispositions relatives aux pénalités à infliger si une Entité déclarante ne respecte pas ses obligations déclaratives concernant la Déclaration pays par pays. On suppose que les juridictions appliqueront leur régime de pénalités existant en matière de documentation des prix de transfert à l'obligation de dépôt de la Déclaration pays par pays.

Article 8
Date d'entrée en vigueur

Ce [titre de la loi] s'applique aux Exercices fiscaux déclarables de Groupes d'entreprises multinationales qui débutent à compter du [1er janvier 2016].

Accord multilatéral entre autorités compétentes portant sur l'échange des déclarations pays par pays

Considérant que les juridictions des signataires de l'Accord multilatéral entre autorités compétentes concernant l'échange de Déclarations pays par pays (l'« Accord ») sont des Parties à la Convention concernant l'assistance administrative mutuelle en matière fiscale ou à la Convention concernant l'assistance administrative mutuelle en matière fiscale telle qu'amendée par le Protocole (la « Convention »), ou des territoires couverts par cette Convention, ou ont signé ou exprimé leur intention de signer la Convention et reconnu que la Convention doit être en vigueur et avoir pris effet à leur égard avant le début de l'échange automatique des Déclarations pays par pays ;

Considérant qu'un pays qui a signé ou exprimé son intention de signer la Convention ne deviendra une Juridiction telle que définie à la section 1 du présent Accord que lorsqu'il sera devenu Partie à la Convention ;

Considérant que les juridictions veulent accroître la transparence fiscale internationale et améliorer l'accès de leurs autorités fiscales respectives aux informations concernant la répartition mondiale des bénéfices, des impôts payés et certains indicateurs de localisation de l'activité économique entre juridictions fiscales dans lesquelles des Groupes d'entreprises multinationales exercent des activités, grâce à l'échange automatique de Déclarations pays par pays annuelles, dans le but de procéder à une évaluation générale des risques liés aux prix de transfert et d'autres risques d'érosion de la base d'imposition et de transfert de bénéfices, y compris le cas échéant à des fins d'analyse économique et statistique ;

Considérant que les lois des Juridictions respectives imposent ou devraient imposer à l'Entité déclarante d'un Groupe d'entreprises multinationales de déposer chaque année une Déclaration pays par pays ;

Considérant que la Déclaration pays par pays fait partie d'une structure à trois niveaux, avec le fichier principal mondial et le fichier local, qui ensemble représentent une approche normalisée de la documentation des prix de transfert et qui procureront aux administrations fiscales des informations fiables et pertinentes pour effectuer une analyse efficace et robuste des risques liés aux prix de transfert ;

Considérant que le chapitre III de la Convention autorise l'échange de renseignements à des fins fiscales, y compris de manière automatique, et autorise les autorités compétentes des Juridictions à définir la portée et les modalités de ces échanges automatiques ;

Considérant que l'article 6 de la Convention prévoit que deux Parties ou plus peuvent convenir mutuellement d'échanger automatiquement des renseignements, et que l'échange des renseignements proprement dit s'effectuera sur une base bilatérale entre Autorités compétentes ;

Considérant que les Juridictions ont mis en place, ou devraient avoir en place, lors du premier échange des Déclarations pays par pays (i) les protections adéquates pour faire en sorte que les renseignements reçus conformément à cet Accord restent confidentiels et soient utilisés uniquement dans le but de procéder à une évaluation générale des risques liés aux prix de transfert et d'autres risques d'érosion de la base d'imposition et de transfert de bénéfices, y compris le cas échéant à des fins d'analyse économique et statistique, conformément à la section 5 du présent Accord, (ii) les infrastructures nécessaires à un échange efficace (y compris les processus garantissant un échange de renseignements en temps voulu, exact et confidentiel, des communications efficaces et fiables, et les moyens permettant de résoudre rapidement les questions et préoccupations relatives aux échanges ou aux demandes d'échanges et d'appliquer les dispositions de la section 4 du présent Accord) et (iii) la législation nécessaire pour exiger des Entités déclarantes qu'elles déposent la Déclaration pays par pays ;

Considérant que les Juridictions sont prêtes à dialoguer dans le but de résoudre les cas de résultats économiques indésirables, y compris pour les entreprises individuelles, conformément au paragraphe 2 de l'article 24 de la Convention et au paragraphe 1 de la section 6 du présent Accord ;

Considérant que les procédures amiables, prévues par exemple par une convention de double imposition conclue entre les juridictions des Autorités compétentes, restent applicables dans les cas où la Déclaration pays par pays a été échangée en vertu de cet Accord ;

Considérant que les Autorités compétentes des juridictions ont l'intention de conclure cet Accord, sans préjudice des procédures législatives nationales (éventuelles) et sous réserve de la confidentialité et des garanties prévues par la Convention, y compris les dispositions qui limitent l'utilisation des renseignements échangés en vertu de cet Accord ;

Les Autorités compétentes sont convenues des dispositions suivantes :

SECTION 1
Définitions

1. Aux fins du présent Accord, les expressions et termes suivants ont le sens défini ci-après :

a) Le terme « **Juridiction** » désigne un pays ou un territoire pour lequel la Convention est en vigueur et a pris effet par ratification, acceptation ou approbation conformément à l'article 28, ou par extension territoriale conformément à l'article 29, et qui est signataire du présent Accord ;

b) L'expression « **Autorité compétente** » désigne, pour chaque Juridiction respective, les personnes et autorités énumérées à l'Annexe B de la Convention ;

c) Le terme « **Groupe** » désigne un ensemble d'entreprises liées en vertu de la structure de propriété ou de contrôle, tenu à ce titre d'établir des États financiers consolidés conformes aux principes comptables applicables à des fins d'information financière, ou qui serait tenu de le faire si des participations dans l'une ou l'autre de ces entreprises étaient cotées en bourse ;

d) L'expression « **Groupe d'entreprises multinationales** » désigne tout groupe qui (i) comprend deux entreprises ou plus, dont la résidence fiscale se trouve dans des juridictions différentes, ou qui comprend une entreprise établie dans une juridiction à des fins fiscales mais qui est soumise à l'impôt dans une autre juridiction au titre des activités exercées par l'intermédiaire d'un établissement stable, et (ii) qui n'est pas un Groupe d'entreprises multinationales exclu ;

e) L'expression « **Groupe d'entreprises multinationales exclu** » désigne un Groupe qui n'est pas tenu de déposer une Déclaration pays par pays parce que son chiffre d'affaires annuel consolidé réalisé au cours de l'exercice fiscal qui précède immédiatement l'exercice fiscal déclarable, ainsi qu'il ressort de ses états financiers consolidés pour cet exercice fiscal antérieur, est inférieur au seuil défini par la législation interne de la Juridiction, conformément au Rapport de 2015 tel qu'il peut être amendé à la suite de sa révision prévue en 2020 ;

f) L'expression « **Entité constitutive** » désigne (i) toute unité opérationnelle distincte d'un Groupe d'entreprises multinationales qui est intégrée dans les états financiers consolidés à des fins d'information financière, ou qui le serait si des participations dans cette unité opérationnelle d'un Groupe d'entreprises multinationales étaient cotées en bourse ; (ii) toute unité opérationnelle qui est exclue des états financiers consolidés du Groupe d'entreprises multinationales uniquement pour des raisons de taille ou d'importance relative ; et (iii) tout établissement stable d'une unité opérationnelle distincte du Groupe d'entreprises multinationales appartenant aux catégories (i) ou (ii) ci-dessus sous réserve que l'unité opérationnelle établisse un état financier distinct pour cet établissement stable à des fins réglementaires, fiscales, d'information financière ou de gestion interne ;

g) L'expression « **Entité déclarante** » désigne l'Entité constitutive qui, aux termes de la législation interne de sa juridiction de résidence fiscale, dépose la Déclaration pays par pays pour le compte du Groupe d'entreprises multinationales en vertu de sa capacité d'agir ainsi ;

h) L'expression « **Déclaration pays par pays** » désigne la déclaration pays par pays que l'Entité déclarante, selon les lois de sa juridiction de résidence fiscale, doit déposer chaque année, contenant les informations visées par ces lois, couvrant les postes et présentée selon le format décrits dans le Rapport de 2015, tel qu'il peut être amendé à la suite de sa révision prévue en 2020 ;

i) L'expression « **Rapport de 2015** » désigne le rapport final intitulé « *Documentation des prix de transfert et déclarations pays par pays* » établi au titre de l'action 13 du Plan d'action OCDE/G20 concernant l'érosion de la base d'imposition et le transfert de bénéfices ;

j) L'expression « **Organe de coordination** » désigne l'organe de coordination de la Convention qui, conformément au paragraphe 3 de l'article 24 de la Convention, est composé de représentants des Autorités compétentes des Parties à la Convention ;

k) L'expression « **Secrétariat de l'Organe de coordination** » désigne le Secrétariat de l'OCDE qui, conformément au paragraphe 3 de l'article 24 de la Convention, appuie l'Organe de coordination ;

l) L'expression « **Accord qui a pris effet** » signifie, pour deux Autorités compétentes quelles qu'elles soient, que les deux Autorités compétentes ont manifesté leur intention d'échanger automatiquement des renseignements l'une avec l'autre et ont rempli les autres conditions prévues au paragraphe 2 de la section 8. La liste des Autorités compétentes pour lesquelles le présent Accord a pris effet sera publiée sur le site internet de l'OCDE.

2. S'agissant de l'application de cet Accord à un moment donné par une Autorité compétente d'une Juridiction, tout terme ou expression qui n'est pas défini dans le présent Accord aura, sauf si le contexte exige une interprétation différente ou si les Autorités compétentes s'entendent sur une signification commune (comme l'autorise le droit national),

le sens que lui attribue à ce moment le droit de la Juridiction qui applique le présent Accord, toute définition figurant dans la législation fiscale applicable de cette Juridiction l'emportant sur une définition contenue dans une autre législation de la même Juridiction.

SECTION 2
Échange de renseignements concernant des Groupes d'entreprises multinationales

1. Conformément aux dispositions des articles 6, 21 et 22 de la Convention, chaque Autorité compétente échangera chaque année, de manière automatique, la Déclaration pays par pays reçue de chaque Entité déclarante qui est résidente de sa juridiction à des fins fiscales, avec toutes les autres Autorités compétentes des Juridictions pour lesquelles cet Accord a pris effet et dans lesquelles, sur la base des informations contenues dans la Déclaration pays par pays, une ou plusieurs Entités constitutives du Groupe d'entreprises multinationales de l'Entité déclarante sont résidentes à des fins fiscales ou sont imposées au titre des activités menées par l'intermédiaire d'un établissement stable.

2. Nonobstant le paragraphe précédent, les Autorités compétentes des Juridictions qui ont indiqué qu'elles doivent être inscrites sur la liste des juridictions pour lesquelles il n'y a pas de réciprocité, en adressant la notification prévue à l'alinéa 1 b) de la section 8, transmettront les Déclarations pays par pays prévues par le paragraphe 1, mais ne les recevront pas en vertu de cet Accord. Les Autorités compétentes des Juridictions qui ne figurent pas dans la liste des juridictions pour lesquelles il n'y a pas de réciprocité transmettront et recevront les informations visées au paragraphe 1. Toutefois, les Autorités compétentes n'enverront pas ces renseignements aux Autorités compétentes des Juridictions énumérées dans la liste susmentionnée.

SECTION 3
Calendrier et modalités des échanges de renseignements

1. Aux fins de l'échange de renseignements prévu à la section 2, la devise dans laquelle sont exprimés les montants contenus dans la Déclaration pays par pays doit être précisée.

2. S'agissant du paragraphe 1 de la section 2, une Déclaration pays par pays doit être échangée pour la première fois, concernant l'exercice fiscal du Groupe d'entreprises multinationales qui débute à une date indiquée par l'Autorité compétente dans la notification visée à l'alinéa 1a) de la section 8 ou à une date ultérieure, le plus tôt possible, et au plus tard 18 mois après le dernier jour de cet exercice. Nonobstant ce qui précède, l'obligation d'échanger une Déclaration pays par pays s'applique uniquement si cet Accord a pris effet entre les deux Autorités compétentes et si leurs Juridictions respectives sont dotées d'une législation qui prévoit le dépôt des Déclarations pays par pays pour l'exercice fiscal couvert par la Déclaration, et qui est conforme à la portée de l'échange définie à la section 2.

3. Sous réserve du paragraphe 2, la Déclaration pays par pays doit être transmise le plus rapidement possible, et au plus tard 15 mois après le dernier jour de l'exercice fiscal du Groupe d'entreprises multinationales qui fait l'objet de cette Déclaration.

4. Les Autorités compétentes échangeront automatiquement les Déclarations pays par pays selon un schéma commun en langage XML.

5. Les Autorités compétentes œuvreront pour et s'accorderont sur une ou plusieurs méthodes de transmission électronique de données, y compris sur des normes de cryptage, en vue de renforcer autant que possible la standardisation et réduire les complexités et

les coûts, et informeront le Secrétariat de l'Organe de coordination des méthodes de transmission et de cryptage standardisées retenues.

SECTION 4
Collaboration en matière d'application et de mise en œuvre de l'Accord

Une Autorité compétente informera l'autre Autorité compétente lorsqu'elle a des raisons de croire, s'agissant d'une Entité déclarante résidente à des fins fiscales dans la juridiction de l'autre Autorité compétente, qu'une erreur peut avoir eu pour conséquence la communication de renseignements erronés ou incomplets ou qu'une Entité déclarante ne respecte pas ses obligations de dépôt d'une Déclaration pays par pays. L'Autorité compétente ainsi notifiée appliquera toutes les dispositions appropriées de son droit interne pour corriger ces erreurs ou remédier aux manquements décrits dans la notification.

SECTION 5
Confidentialité, protection et usage approprié des données

1. Tous les renseignements échangés sont soumis aux obligations de confidentialité et autres protections prévues par la Convention, y compris aux dispositions qui limitent l'utilisation des renseignements échangés.

2. Outre les restrictions visées au paragraphe 1, l'utilisation des renseignements sera limitée aux seules fins autorisées dans ce paragraphe. En particulier, les renseignements figurant dans la Déclaration pays par pays seront utilisés pour procéder à une évaluation des risques particulièrement élevés liés aux prix de transfert et aux pratiques d'érosion de la base d'imposition et de transfert de bénéfices et, le cas échéant, à des fins d'analyse économique et statistique. Les renseignements ne seront pas utilisés en tant que substitut à une analyse détaillée des prix de transfert réalisée pour chaque transaction et prix, fondée sur une analyse fonctionnelle et une analyse de comparabilité complètes. Il est entendu que les informations figurant dans la Déclaration pays par pays ne permettent pas en soi de déterminer de manière concluante si les prix de transfert sont corrects ou non et, par conséquent, elles ne doivent pas être utilisées pour fonder des ajustements de prix de transfert. Les ajustements inadéquats effectués par des administrations fiscales locales en violation de ce paragraphe seront abandonnés lors de procédures mises en œuvre par les autorités compétentes. Nonobstant ce qui précède, il n'y a aucune restriction à l'utilisation des renseignements figurant dans la Déclaration pays par pays comme point de départ à un examen plus approfondi des prix de transfert établis par le Groupe d'entreprises multinationales ou d'autres questions fiscales lors d'un contrôle et, par conséquent, des ajustements appropriés du bénéfice imposable d'une Entité constitutive peuvent être effectués.

3. Dans la mesure où la législation applicable l'autorise, une Autorité compétente notifiera immédiatement au Secrétariat de l'Organe de coordination toute violation des paragraphes 1 et 2 de cette section, y compris les sanctions et toute action corrective qui en résulte. Le Secrétariat de l'Organe de coordination informera toutes les Autorités compétentes pour lesquelles le présent Accord constitue un Accord qui a pris effet avec la première Autorité compétente mentionnée.

SECTION 6
Consultations

1. Si un ajustement du bénéfice imposable d'une Entité constitutive, effectué à la suite d'investigations supplémentaires basées sur les données figurant dans la Déclaration pays par pays, aboutit à des résultats économiques indésirables, y compris pour une entreprise en particulier, les Autorités compétentes des Juridictions dans lesquelles résident les Entités constitutives concernées doivent se consulter et dialoguer en vue de résoudre ce cas.

2. En cas de difficulté dans l'application ou l'interprétation du présent Accord, chaque Autorité compétente peut solliciter des consultations avec une ou plusieurs Autorités compétentes en vue d'élaborer des mesures appropriées pour garantir l'exécution du présent Accord. Une Autorité compétente doit, en particulier, consulter l'autre Autorité compétente avant de conclure à l'existence d'une Défaillance systémique, de la part de l'autre Autorité compétente, concernant l'échange des Déclarations pays par pays. Si la première Autorité compétente mentionnée conclut à l'existence de cette défaillance, elle doit en informer le Secrétariat de l'Organe de coordination qui, après en avoir informé l'autre Autorité compétente concernée, notifiera l'ensemble des Autorités compétentes. Dans la mesure où la législation applicable l'autorise, toute Autorité compétente peut, en passant par le Secrétariat de l'Organe de coordination si elle le souhaite, associer d'autres Autorités compétentes pour lesquelles cet Accord a pris effet aux fins de recherche d'une solution acceptable au problème.

3. L'Autorité compétente qui a demandé les consultations conformément au paragraphe 2 doit veiller, s'il y a lieu, à ce que le Secrétariat de l'Organe de coordination soit informé des conclusions adoptées et de toutes mesures ainsi élaborées, y compris l'absence de conclusions ou de mesures, et le Secrétariat de l'Organe de coordination informera l'ensemble des Autorités compétentes, même celles qui n'ont pas pris part aux consultations, de ces conclusions ou mesures. Les renseignements spécifiques aux contribuables, y compris ceux qui révèlent l'identité du contribuable concerné, n'ont pas à être communiqués.

SECTION 7
Modifications

Le présent Accord peut être modifié, par consensus, par accord écrit de toutes les Autorités compétentes pour lesquelles l'Accord a pris effet. Sauf disposition contraire, une telle modification prend effet le premier jour du mois suivant l'expiration d'une période d'un mois après la date de la dernière signature d'un tel accord écrit.

SECTION 8
Durée de l'Accord

1. Une Autorité compétente doit, au moment de la signature du présent Accord ou le plus tôt possible par la suite, adresser une notification au Secrétariat de l'Organe de coordination :

a) indiquant que sa Juridiction a mis en place les lois nécessaires pour imposer aux Entités déclarantes l'obligation de déposer une Déclaration pays par pays et que sa Juridiction exigera le dépôt de Déclarations pays par pays portant sur les exercices fiscaux d'Entités déclarantes qui débutent le jour indiqué dans la notification ou après ;

b) précisant si la Juridiction doit figurer dans la liste des Juridictions pour lesquelles il n'y a pas de réciprocité ;

c) précisant une ou plusieurs méthodes de transmission électronique des données, y compris le cryptage ;

d) indiquant qu'elle a mis en place le cadre juridique et les infrastructures nécessaires pour assurer la confidentialité requise et le respect des normes de protection des données visées à l'article 22 de la Convention et au paragraphe 1 de la section 5 du présent Accord, ainsi que l'utilisation appropriée des informations contenues dans les Déclarations pays par pays précisée au paragraphe 2 de la section 5 du présent Accord, et en y joignant le questionnaire rempli concernant la confidentialité et la protection des données joint en Annexe au présent Accord ; et

e) comprenant (i) une liste des Juridictions des Autorités compétentes à l'égard desquelles elle a l'intention que le présent Accord prenne effet, à l'issue des procédures législatives nationales correspondantes (le cas échéant) ou (ii) une déclaration de l'Autorité compétente exprimant son intention que le présent Accord prenne effet à l'égard de toutes les autres Autorités compétentes qui adressent une notification visée par l'alinéa 1e) de la section 8.

Les Autorités compétentes devront notifier rapidement au Secrétariat de l'Organe de coordination toute modification ultérieure qu'elles comptent apporter aux éléments de la notification mentionnés ci-dessus.

2. Le présent Accord prendra effet entre les deux Autorités compétentes à la plus tardive des dates suivantes : (i) la date à laquelle la seconde des deux Autorités compétentes a déposé au Secrétariat de l'Organe de coordination la notification visée au paragraphe 1 qui mentionne la Juridiction de l'autre Autorité compétente, conformément à l'alinéa 1 (e), et (ii) la date à laquelle la Convention est entrée en vigueur et a pris effet pour les deux Juridictions.

3. Le Secrétariat de l'Organe de coordination conservera et publiera sur le site internet de l'OCDE une liste des Autorités compétentes qui ont signé l'Accord et entre lesquelles le présent Accord a pris effet. En outre, le Secrétariat de l'Organe de coordination publiera sur le site internet de l'OCDE les informations fournies par les Autorités compétentes au titre des alinéas 1 (a) et (b).

4. Les informations fournies conformément aux alinéas 1 (c) à (e) seront mises à la disposition des autres signataires sur demande écrite adressée au Secrétariat de l'Organe de coordination.

5. Une Autorité compétente peut suspendre temporairement l'échange de renseignements visé par le présent Accord moyennant préavis écrit adressé à l'Autorité compétente de l'autre partie indiquant que cette dernière commet ou a commis un manquement grave au présent Accord. Avant de prendre cette décision, l'Autorité compétente mentionnée en premier doit consulter l'autre Autorité compétente. Aux fins du présent paragraphe, l'expression « manquement grave » désigne le non-respect des paragraphes 1 et 2 de la section 5 et du paragraphe 1 de la section 6 du présent Accord et/ou des dispositions correspondantes de la Convention, ainsi que le fait pour l'Autorité compétente de ne pas communiquer des informations appropriées ou en temps voulu comme le prévoit le présent Accord. Cette suspension est à effet immédiat et se poursuivra jusqu'à ce que la deuxième Autorité compétente mentionnée établisse d'une façon satisfaisante pour les deux Autorités compétentes qu'il n'y a pas eu de manquement grave ou qu'elle a pris les mesures appropriées pour remédier au manquement grave. Dans la mesure où la législation applicable l'autorise,

toute Autorité compétente peut, en passant par le Secrétariat de l'Organe de coordination si elle le souhaite, associer d'autres Autorités compétentes pour lesquelles cet Accord a pris effet à la recherche d'une solution acceptable au problème.

6. Une Autorité compétente peut mettre fin à sa participation au présent Accord ou vis-à-vis d'une autre Autorité compétente moyennant un préavis écrit adressé au Secrétariat de l'Organe de coordination. Cette dénonciation prend effet le premier jour du mois suivant l'expiration d'un délai de douze mois à compter de la date du préavis. En cas de dénonciation, toutes les informations déjà reçues au titre du présent Accord restent confidentielles et soumises aux dispositions de la Convention.

SECTION 9
Secrétariat de l'Organe de coordination

Sauf disposition contraire contenue dans l'Accord, le Secrétariat de l'Organe de coordination informera l'ensemble des Autorités compétentes de toute notification qu'il reçoit au titre du présent Accord et donnera notification à tous les signataires de l'Accord de la signature de l'Accord par une nouvelle Autorité compétente.

Fait en français et en anglais, les deux textes faisant également foi.

Annexe à l'Accord – Questionnaire sur la confidentialité et la protection des données

1. Cadre juridique

Le cadre juridique doit garantir la confidentialité des renseignements fiscaux échangés et limiter leur utilisation. Les deux composantes fondamentales d'un tel cadre sont les dispositions de la convention, de l'accord d'échange de renseignements fiscaux ou de tout autre accord bilatéral relatif à l'échange de renseignements qui s'applique, ainsi que le droit interne de la juridiction.

1.1 Conventions fiscales, accords d'échange de renseignements fiscaux et autres accords d'échange	
Points à vérifier en priorité	• Dispositions des conventions fiscales, des accords d'échange de renseignements fiscaux et des accords internationaux imposant la confidentialité des renseignements et limitant leur utilisation aux finalités prévues
Comment les dispositions relatives à l'échange de renseignements figurant dans vos conventions fiscales, accords d'échange de renseignements fiscaux ou autres accords d'échange garantissent-elles la confidentialité des renseignements communiqués à d'autres États contractants et reçus d'autres États en réponse à une demande de renseignements, et comment contrôlent-elles l'utilisation de ces renseignements ?	
1.2 Droit interne	
Points à vérifier en priorité	• Le droit interne doit prévoir des mesures de sauvegarde pour les renseignements relatifs aux contribuables échangés en vertu d'une convention, d'un accord d'échange de renseignements fiscaux ou d'un autre accord international, traiter ces accords d'échange de renseignements comme ayant force obligatoire, restreindre l'accès aux données et sanctionner tout manquement aux règles
Comment la législation et la réglementation en vigueur dans votre pays protègent-elles les renseignements échangés à des fins fiscales en application d'une convention fiscale, d'un accord d'échange de renseignements fiscaux ou d'un autre instrument d'échange, et comment contrôlent-elles leur utilisation ? Par quelles mesures l'administration fiscale empêche-t-elle que des informations confidentielles soient utilisées à mauvais escient et interdit-elle le transfert par les autorités fiscales d'informations fiscales à des organismes gouvernementaux non fiscaux ?	

2. Gestion de la sécurité de l'information

Les systèmes de gestion de la sécurité de l'information utilisés par l'administration fiscale de chaque juridiction doivent observer des règles de protection des données confidentielles relatives aux contribuables. Par exemple, il doit exister un processus pour vérifier les antécédents des agents qui ont accès à l'information, des règles qui définissent qui peut accéder aux renseignements et des systèmes permettant de détecter et de suivre toute divulgation non autorisée. Les normes internationalement acceptées en matière de sécurité de l'information font l'objet de la suite ISO/IEC 27000. Comme on le verra plus en détail ci-dessous, une administration fiscale doit être en mesure de prouver qu'elle respecte les normes de la suite ISO/IEC 27000 ou qu'elle applique un cadre de sécurité de l'information équivalent, qui protège les renseignements sur les contribuables obtenus en vertu d'un accord d'échange.

2.1.1 Vérification des antécédents et contrats	
Points à vérifier en priorité	• Vérifications des antécédents et enquêtes sur les agents et les sous-traitants • Processus de recrutement et contrats d'engagement • Points de contact responsables
Quelles procédures votre administration fiscale applique-t-elle pour vérifier les antécédents des agents et des sous-traitants qui ont accès aux données reçues au titre de l'échange de renseignements, qui les utilisent ou qui sont chargés de leur protection ? Ces procédures sont-elles librement accessibles ? Si oui, veuillez en indiquer les références. Si non, veuillez les décrire brièvement.	
2.1.2 Formation et sensibilisation	
Points à vérifier en priorité	• Formation initiale et action périodique de sensibilisation sur les attributions, les risques en matière de sécurité et la législation applicable
Quelle formation votre administration fiscale dispense-t-elle à ses agents et sous-traitants concernant les renseignements confidentiels, notamment en provenance de partenaires de l'échange de renseignements ? Existe-t-il une version publique des impératifs de formation ? Si oui, veuillez en indiquer la référence. Si non, veuillez expliquer brièvement en quoi consistent ces impératifs. [/End	
2.1.3 Règles en cas de départ	
Points à vérifier en priorité	• Dispositions destinées à résilier les droits d'accès aux données confidentielles
Quelles procédures votre administration fiscale applique-t-elle pour résilier le droit d'accès aux informations confidentielles de ses agents et consultants qui quittent l'administration ? Ces procédures sont-elles librement accessibles ? Si oui, veuillez en indiquer la référence. Si non, veuillez expliquer brièvement en quoi elles consistent.	
2.2.1 Sécurité physique : accès aux locaux	
Points à vérifier en priorité	• Mesures de sécurité limitant l'accès aux locaux : agents de sécurité, règles et procédures d'entrée
Quelles sont les procédures appliquées par votre administration fiscale pour régir l'accès des agents, consultants et visiteurs aux locaux qui abritent des informations confidentielles, au format papier ou électronique ? Ces procédures sont-elles librement accessibles ? Si oui, veuillez indiquer la référence. Si non, veuillez expliquer brièvement en quoi elles consistent.	
2.2.2 Sécurité physique : stockage physique des documents	
Points à vérifier en priorité	• Stockage physique sécurisé des documents confidentiels : règles et procédures
Quelles sont les procédures appliquées par votre administration fiscale pour recevoir, traiter, archiver, récupérer et détruire les exemplaires imprimés des données confidentielles reçues de contribuables ou de partenaires pour l'échange de renseignements ? Les agents doivent-ils suivre des procédures particulières avant de quitter leur poste de travail en fin de journée ? Ces procédures sont-elles librement accessibles ? Si oui, veuillez en indiquer la référence. Si non, veuillez expliquer brièvement en quoi elles consistent. **Votre administration fiscale applique-t-elle une classification des données par niveau de confidentialité ? Si oui, veuillez décrire en quoi vos procédures de stockage des documents diffèrent selon les niveaux de confidentialité. Ces procédures sont-elles librement accessibles ? Si oui, veuillez en indiquer la référence. Si non, veuillez expliquer brièvement en quoi elles consistent. [/End**	
2.3 Planification	
Points à vérifier en priorité	• Documentation relative à la planification du développement, de l'actualisation et de la mise en œuvre des systèmes de sécurité de l'information
Quelles sont les procédures appliquées par votre administration fiscale pour créer, documenter, mettre à jour et déployer des règles de sécurité applicables aux systèmes utilisés pour recevoir, traiter, archiver et consulter des informations confidentielles ? Ces procédures sont-elles librement accessibles ? Si oui, veuillez en indiquer la référence. Si non, veuillez les décrire brièvement. Quelles sont les procédures prévues par votre administration fiscale pour procéder aux mises à jour périodiques du plan de sécurité de l'information afin de suivre les évolutions de l'environnement informatique, et de quelle manière les problèmes et les risques sont-ils traités dans l'application des plans de sécurité informatique ? Ces procédures sont-elles librement accessibles ? Si oui, veuillez en indiquer la référence. Si non, veuillez expliquer brièvement en quoi elles consistent.	

2.4 Gestion de la configuration	
Points à vérifier en priorité	• Gestion de la configuration et des contrôles de sécurité
Quelles pratiques votre administration fiscale suit-elle pour réguler la configuration des systèmes et les mises à jour ? Ces informations sont-elles librement accessibles ? Si oui, veuillez en indiquer la référence. Si non, veuillez expliquer brièvement en quoi elles consistent. [/End question]	
2.5 Contrôle d'accès	
Points à vérifier en priorité	• Règles et procédures en matière de contrôle d'accès : personnel autorisé et échanges internationaux de renseignements
Quelles sont les règles appliquées par votre administration fiscale pour limiter aux seuls utilisateurs autorisés l'accès au système et pour protéger les données transmises au cours de leur réception et de leur stockage ? Veuillez décrire la manière dont les règles d'autorisation d'accès et de transmission de données s'appliquent aux données reçues dans le cadre d'échanges de renseignements en application d'une convention, d'un accord d'échange de renseignements fiscaux ou d'un autre instrument d'échange. Ces règles sont-elles librement accessibles ? Si oui, veuillez en indiquer la référence. Si non, veuillez en donner une brève description.	
2.6 Identification et authentification	
Points à vérifier en priorité	• Authentification des utilisateurs et des appareils qui demandent l'accès aux systèmes d'information
Quelles sont les règles et procédures suivies par votre administration fiscale pour chaque système informatique connecté à des données confidentielles ? Ces règles et procédures sont-elles librement accessibles ? Si oui, veuillez en indiquer la référence. Si non, veuillez en donner une brève description. **Quelles sont les règles et procédures régissant l'authentification des utilisateurs autorisés par l'administration fiscale sur les systèmes informatiques connectés à des données confidentielles ? Ces règles et procédures sont-elles librement accessibles ? Si oui, veuillez en indiquer la référence. Si non, veuillez en donner une brève description.**	
2.7 Audit et responsabilité	
Points à vérifier en priorité	• Traçabilité des actions électroniques au sein du système • Procédure d'audit des systèmes : suivi, analyse, investigation et signalement des utilisations illicites/non autorisées
Quelles sont les règles et procédures appliquées par votre administration fiscale pour assurer que des audits soient effectués sur les systèmes et qu'ils permettent de détecter les accès non autorisés ? Ces règles et procédures sont-elles librement accessibles ? Si oui, veuillez en indiquer la référence. Si non, veuillez les décrire brièvement.	
2.8 Maintenance	
Points à vérifier en priorité	• Maintenance périodique et en temps voulu des systèmes • Contrôles portant sur les outils, les procédures et les mécanismes de maintenance des systèmes et leur utilisation par le personnel
Quelles sont les règles en vigueur dans votre administration fiscale en matière d'interventions ponctuelles de maintenance périodique ? Ces règles sont-elles librement accessibles ? Si oui, veuillez en indiquer la référence. Si non, veuillez en donner une brève description. **Quelles sont les procédures régissant la résolution des défaillances du système découvertes par l'administration fiscale ? Ces procédures sont-elles librement accessibles ? Si oui, veuillez en indiquer la référence. Si non, veuillez en donner une brève description.**	
2.9 Protection du système et des communications	
Points à vérifier en priorité	• Procédures de surveillance, contrôle et protection des communications en direction et en provenance des systèmes informatiques
Quelles sont les règles et procédures suivies par votre administration fiscale pour la transmission et la réception par voie électronique de données confidentielles ? Veuillez décrire les exigences de sécurité et de cryptage prévues par ces règles. Ces règles sont-elles librement accessibles ? Si oui, veuillez en indiquer la référence. Si non, veuillez les décrire brièvement.	

2.10 Intégrité des systèmes et des informations	
Points à vérifier en priorité	• Procédures visant à découvrir des points de défaillance du système informatique, les signaler et y remédier rapidement • Protection contre les logiciels malveillants et surveillance des alertes de sécurité du système
Quelles sont les procédures prévues par votre administration fiscale pour découvrir les points de défaillance, les signaler et y remédier rapidement ? Veuillez expliquer comment ces procédures protègent les systèmes contre les logiciels malveillants qui portent atteinte à l'intégrité des données. Ces procédures sont-elles librement accessibles ? Si oui, veuillez en indiquer la référence. Si non, veuillez en donner une brève description.	
2.11 Évaluations de la sécurité	
Points à vérifier en priorité	• Processus utilisés pour tester, valider et autoriser les contrôles de sécurité prévus afin de protéger les données, remédier aux défaillances et atténuer les failles de sécurité
Quelles sont les règles appliquées et régulièrement actualisées par votre administration fiscale pour l'examen des modalités de traitement, de validation et d'autorisation d'un plan de contrôle de la sécurité ? Ces règles sont-elles librement accessibles ? Si oui, veuillez en indiquer la référence. Si non, veuillez les décrire brièvement.	
2.12 Planification d'urgence	
Points à vérifier en priorité	• Plans d'urgence, interventions de sauvegarde et récupération des systèmes informatiques après des catastrophes
Quels sont les plans et procédures d'urgence établis par votre administration fiscale pour réduire l'impact d'une divulgation indue ou d'une perte irrécupérable de données ? Ces plans et procédures sont-ils librement accessibles ? Si oui, veuillez en indiquer la référence. Si non, veuillez les décrire brièvement.	
2.13 Évaluation des risques	
Points à vérifier en priorité	• Risque potentiel d'accès non autorisé aux renseignements relatifs aux contribuables • Risque et ampleur des préjudices causés par une utilisation ou une divulgation non autorisée des renseignements, ou par une panne des systèmes informatiques des services fiscaux • Procédures en vigueur pour actualiser les méthodes d'évaluation des risques
Votre administration fiscale procède-t-elle à des évaluations des risques visant à cerner ces risques et à mesurer l'impact potentiel d'un accès, d'une utilisation et d'une divulgation non autorisés d'informations, ou de la destruction des systèmes informatiques ? Quelles sont les procédures appliquées par votre administration fiscale pour actualiser les méthodes d'évaluation des risques ? Les méthodes et les règles d'évaluation des risques sont-elles librement accessibles ? Si oui, veuillez en indiquer la référence. Si non, veuillez les décrire brièvement.	
2.14 Acquisition des systèmes et des services informatiques	
Points à vérifier en priorité	• Méthodes et procédures pour s'assurer que les fournisseurs externes de systèmes et de services informatiques jouant un rôle dans le traitement, le stockage et la transmission de données confidentielles observent les règles appropriées de sécurité informatique
Quelles sont les procédures appliquées par votre administration fiscale pour s'assurer que les fournisseurs externes observent les contrôles de sécurité adaptés, dans le respect des règles de sécurité informatique applicables aux informations confidentielles ? Ces procédures sont-elles librement accessibles ? Si oui, veuillez en indiquer la référence. Si non, veuillez en donner une brève description.	
2.15 Protection des supports d'information	
Points à vérifier en priorité	• Procédures visant à protéger les informations sur support papier ou numérique • Mesures de sécurité visant à limiter l'accès aux supports d'information aux seuls utilisateurs autorisés • Méthodes employées pour le nettoyage des supports informatiques avant leur réutilisation ou pour leur destruction avant élimination

Quels sont les procédures appliquées par votre administration fiscale pour assurer le stockage et limiter l'accès aux informations confidentielles enregistrées sur support papier ou numérique dès leur réception, quelle que soit leur provenance ? Comment votre administration fiscale sécurise-t-elle la destruction de supports contenant des informations confidentielles avant élimination ? Ces procédures sont-elles librement accessibles ? Si oui, veuillez en indiquer la référence. Si non, veuillez les décrire brièvement.	
2.16 Protection des données échangées en vertu d'une convention	
Points à vérifier en priorité	• Procédures régissant la sauvegarde des fichiers échangés en application d'une convention et leur identification claire • Méthodes de classification des fichiers échangés en application d'une convention
Quelles sont les règles et procédures suivies par votre administration fiscale pour stocker les informations confidentielles et les identifier clairement comme des données provenant d'un échange de renseignements en application d'une convention fiscale une fois reçues d'Autorités compétentes étrangères ? Ces règles et procédures sont-elles librement accessibles ? Si oui, veuillez en indiquer la référence. Si non, veuillez les décrire brièvement.	
2.17 Règles de suppression des données	
Points à vérifier en priorité	• Procédures d'élimination des fichiers au format papier ou électronique
Quelles sont les procédures établies par votre administration fiscale pour l'élimination des renseignements confidentiels ? Ces procédures s'appliquent-elles aux renseignements issus d'échanges avec des Autorités compétentes étrangères ? Sont-elles librement accessibles ? Si oui, veuillez en indiquer la référence. Si non, veuillez les décrire brièvement.	

3. Surveillance et sanction

Outre la protection de la confidentialité des informations échangées au titre d'une convention, les administrations fiscales doivent être en mesure de garantir que leur utilisation sera limitée aux finalités définies par l'accord applicable d'échange de renseignements. Aussi, le respect d'un cadre acceptable de sécurité de l'information ne suffit pas à protéger les données fiscales obtenues en vertu d'une convention. En outre, le droit national doit prévoir des pénalités ou des sanctions en cas de divulgation ou d'utilisation non autorisée de renseignements fiscaux. Pour que leur application soit effective, les lois en question doivent s'appuyer sur des ressources et des procédures administratives adéquates.

3.1 Pénalités et sanctions	
Points à vérifier en priorité	• Pénalités infligées en cas de divulgation non autorisée • Pratiques visant à atténuer les risques
Votre administration fiscale est-elle compétente pour imposer des pénalités en cas de divulgation non autorisée d'informations confidentielles ? Ces pénalités s'appliquent-elles en cas de divulgation non autorisée de renseignements confidentiels issus d'un échange avec une partie à une convention ou à un accord d'échange de renseignements fiscaux ? Le barème des pénalités est-il accessible à tous ? Si oui, veuillez en indiquer la référence. Si non, veuillez le décrire sommairement.	
3.2.1 Répression des accès et divulgations non autorisés	
Points à vérifier en priorité	• Surveillance des atteintes à la confidentialité • Signalement des atteintes
Quelles sont les procédures prévues par votre administration fiscale pour surveiller les atteintes à la confidentialité ? Quelles sont les règles et procédures appliquées par votre administration fiscale pour imposer aux agents et aux sous-traitants de signaler les atteintes effectives ou potentielles à la confidentialité ? Quels rapports votre administration fiscale dresse-t-elle en cas d'atteinte à la confidentialité ? Ces règles et procédures sont-elles librement accessibles ? Si oui, veuillez en indiquer la référence. Si non, veuillez les décrire brièvement.	

3.2.2 Sanctions et cas rencontrés antérieurement	
Points à vérifier en priorité	• Cas répertoriés de divulgation non autorisée • Adaptation des règles ou des procédures pour prévenir des atteintes ultérieures
Des cas de divulgation indue de renseignements confidentiels se sont-ils déjà produits dans votre juridiction ? Est-il déjà arrivé que des informations confidentielles reçues par l'Autorité compétente d'un partenaire d'échange de renseignements soient divulguées de manière non conforme aux modalités de l'instrument régissant la communication des renseignements ? L'administration fiscale ou l'Inspection générale publie-t-elle un rapport sur les atteintes survenues, les pénalités ou sanctions imposées et les changements apportés pour réduire le risque et prévenir de nouvelles atteintes à la confidentialité ? Si oui, veuillez en indiquer la référence. Si non, veuillez en donner une description sommaire.	

Accord entre autorités compétentes relatif à l'échange des déclarations pays par pays sur la base d'une convention de double imposition

Considérant que le Gouvernement de la [Juridiction A] et le Gouvernement de la [Juridiction B] veulent accroître la transparence fiscale internationale et améliorer l'accès de leurs autorités fiscales respectives aux informations concernant la répartition mondiale des bénéfices, des impôts payés et certains indicateurs de localisation de l'activité économique entre juridictions fiscales dans lesquelles des Groupes d'entreprises multinationales exercent des activités, grâce à l'échange automatique de Déclarations pays par pays annuelles, dans le but de procéder à une évaluation générale des risques liés aux prix de transfert et d'autres risques d'érosion de la base d'imposition et de transfert de bénéfices, y compris le cas échéant à des fins d'analyse économique et statistique ;

Considérant que les lois de leurs Juridictions respectives imposent ou doivent imposer à l'Entité déclarante d'un Groupe d'entreprises multinationales de déposer chaque année une Déclaration pays par pays ;

Considérant que la Déclaration pays par pays fait partie d'une structure à trois niveaux, avec le fichier principal mondial et le fichier local, qui ensemble représentent une approche normalisée de la documentation des prix de transfert et qui procureront aux administrations fiscales des informations fiables et pertinentes pour effectuer une analyse efficace et robuste des risques liés aux prix de transfert ;

Considérant que l'article [...] de la Convention fiscale conclue entre la [Juridiction A] et la [Juridiction B] (la « Convention »)] autorise l'échange de renseignements à des fins fiscales, y compris sur une base automatique, et autorise les autorités compétentes de la [Juridiction A] et de la [Juridiction B] (les « Autorités compétentes ») à définir la portée et les modalités de ces échanges automatiques ;

Considérant que la [Juridiction A] et la [Juridiction B] [ont mis en place ou doivent avoir mis en place] lors du premier échange des Déclarations pays par pays (i) les protections adéquates pour faire en sorte que les renseignements reçus conformément à cet Accord restent confidentiels et soient utilisés uniquement dans le but de procéder à une évaluation générale des risques liés aux prix de transfert et d'autres risques d'érosion de la base d'imposition et de transfert de bénéfices, y compris le cas échéant à des fins d'analyse économique et statistique, conformément à la section 5 du présent Accord, (ii) les infrastructures nécessaires à un échange efficace (y compris les processus garantissant un échange de renseignements en temps voulu, exact et confidentiel, des communications efficaces et fiables, et les moyens permettant de résoudre rapidement les questions et préoccupations relatives aux échanges ou aux demandes d'échanges et d'appliquer les dispositions de la section 4 du présent Accord) et (iii) la législation nécessaire pour exiger des Entités déclarantes qu'elles déposent la Déclaration pays par pays ;

Considérant que la [Juridiction A] et la [Juridiction B] s'efforceront de résoudre à l'amiable les cas de double imposition conformément à l'article [25] de la Convention et au paragraphe 1 de la section 6 du présent Accord ;

Considérant que les Autorités compétentes ont l'intention de conclure cet Accord relatif à l'échange automatique réciproque conformément à la Convention, sous réserve de la confidentialité et des garanties prévues par la Convention, y compris les dispositions qui limitent l'utilisation des renseignements échangés en vertu de cet Accord ;

Les Autorités compétentes sont convenues des dispositions suivantes :

SECTION 1
Définitions

1. Aux fins du présent Accord, les expressions et termes suivants ont le sens défini ci-après :

a) Le terme « [**Juridiction A**] » désigne [...] ;

b) Le terme « [**Juridiction B**] » désigne [...] ;

c) L'expression **« Autorité compétente »** désigne dans le cas de la [Juridiction A], [...] et dans le cas de la [Juridiction B], [...] ;

d) Le terme « **Groupe** » désigne un ensemble d'entreprises liées en vertu de la structure de propriété ou de contrôle, tenu à ce titre d'établir des États financiers consolidés conformes aux principes comptables applicables à des fins d'information financière, ou qui serait tenu de le faire si des participations dans l'une ou l'autre de ces entreprises étaient cotées en bourse ;

e) L'expression « **Groupe d'entreprises multinationales** » désigne tout groupe qui (i) comprend deux entreprises ou plus, dont la résidence fiscale se trouve dans des juridictions différentes, ou qui comprend une entreprise établie dans une juridiction à des fins fiscales mais qui est soumise à l'impôt dans une autre juridiction au titre des activités exercées par le biais d'un établissement stable, et (ii) qui n'est pas un Groupe d'entreprises multinationales exclu ;

f) L'expression « **Groupe d'entreprises multinationales exclu** » désigne un Groupe qui n'est pas tenu de déposer une Déclaration pays par pays parce que son chiffre d'affaires annuel consolidé réalisé au cours de l'exercice fiscal qui précède immédiatement l'exercice fiscal déclarable, ainsi qu'il ressort de ses états financiers consolidés pour cet exercice fiscal antérieur, est inférieur au seuil défini par la législation interne de la Juridiction, conformément au Rapport de 2015 tel qu'il peut être amendé à la suite de sa révision prévue en 2020 ;

g) L'expression « **Entité constitutive** » désigne (i) toute unité opérationnelle distincte d'un Groupe d'entreprises multinationales qui est intégrée dans les états financiers consolidés à des fins d'information financière, ou qui le serait si des participations dans cette unité opérationnelle d'un Groupe multinational étaient cotées en bourse ; (ii) toute unité opérationnelle qui est exclue des états financiers consolidés du Groupe d'entreprises multinationales uniquement pour des raisons de taille ou d'importance relative ; et (iii) tout établissement stable d'une unité opérationnelle distincte du Groupe d'entreprises multinationales appartenant aux catégories (i) ou (ii) ci-dessus sous réserve que l'unité opérationnelle établisse un état financier distinct pour cet établissement stable à des fins réglementaires, fiscales, d'information financière ou de gestion interne ;

h) L'expression « **Entité déclarante** » désigne l'Entité constitutive qui, aux termes de la législation interne de sa juridiction de résidence fiscale, dépose la Déclaration pays par pays pour le compte du Groupe d'entreprises multinationales en vertu de sa capacité d'agir ainsi ;

i) L'expression « **Déclaration pays par pays** » désigne la Déclaration pays par pays que l'Entité déclarante, selon les lois de sa juridiction de résidence fiscale, doit déposer chaque année, contenant les informations visées par ces lois, couvrant les postes et présentée selon le format décrits dans le Rapport de 2015, tel qu'il peut être amendé à la suite de sa révision prévue en 2020 ; et

j) L'expression « **Rapport de 2015** » désigne le rapport final intitulé « *Documentation des prix de transfert et déclarations pays par pays* » établi au titre de l'action 13 du Plan d'action OCDE/G20 concernant l'érosion de la base d'imposition et le transfert de bénéfices.

2. S'agissant de l'application de cet Accord à un moment donné par une Autorité compétente d'une Juridiction, tout terme ou expression qui n'est pas défini dans le présent Accord aura, sauf si le contexte exige une interprétation différente ou si les Autorités compétentes s'entendent sur une signification commune (comme l'autorise le droit national), le sens que lui attribue à ce moment le droit de la Juridiction qui applique le présent Accord, toute définition figurant dans la législation fiscale applicable de cette Juridiction l'emportant sur une définition contenue dans une autre législation de la même Juridiction.

SECTION 2
Échange de renseignements concernant des Groupes d'entreprises multinationales

Conformément aux dispositions de l'article [...] de la Convention, chaque Autorité compétente échangera chaque année, de manière automatique, la Déclaration pays par pays reçue de chaque Entité déclarante qui est résidente de sa juridiction à des fins fiscales, avec l'autre Autorité compétente, dès lors que, sur la base des informations contenues dans la Déclaration pays par pays, une ou plusieurs Entités constitutives du Groupe d'entreprises multinationales de l'Entité déclarante sont résidentes à des fins fiscales de la Juridiction de l'autre Autorité compétente ou sont imposées au titre des activités menées par l'intermédiaire d'un établissement stable situé dans la Juridiction de l'autre Autorité compétente.

SECTION 3
Calendrier et modalités des échanges de renseignements

1. Aux fins de l'échange de renseignements prévu à la section 2, la devise dans laquelle sont exprimés les montants contenus dans la Déclaration pays par pays doit être précisée.

2. S'agissant de la section 2, une Déclaration pays par pays doit être échangée pour la première fois concernant les exercices fiscaux de Groupes d'entreprises multinationales qui débutent le [....] ou à une date ultérieure. L'échange doit intervenir le plus tôt possible, et au plus tard 18 mois après le dernier jour de l'exercice fiscal du Groupe d'entreprises multinationales qui fait l'objet de la Déclaration. Les Déclarations pays par pays établies pour des exercices fiscaux ultérieurs doivent être échangées le plus tôt possible, et au plus tard 15 mois après le dernier jour de l'exercice fiscal du Groupe d'entreprises multinationales qui en fait l'objet.

3. Les Autorités compétentes échangeront automatiquement les Déclarations pays par pays selon un schéma commun en langage XML.

4. Les Autorités compétentes œuvreront pour et s'accorderont sur une ou plusieurs méthodes de transmission électronique de données, y compris sur des normes de cryptage.

SECTION 4
Collaboration en matière d'application et de mise en œuvre de l'Accord

Une Autorité compétente informera l'autre Autorité compétente lorsqu'elle a des raisons de croire, s'agissant d'une Entité déclarante résidente à des fins fiscales dans la juridiction de l'autre Autorité compétente, qu'une erreur peut avoir eu pour conséquence la communication de renseignements erronés ou incomplets ou qu'une Entité déclarante ne respecte pas ses obligations de dépôt d'une Déclaration pays par pays. L'Autorité compétente ainsi notifiée appliquera toutes les dispositions appropriées de son droit interne pour corriger ces erreurs ou remédier aux manquements décrits dans la notification.

SECTION 5
Confidentialité, protection et usage approprié des données

1. Tous les renseignements échangés sont soumis aux obligations de confidentialité et autres protections prévues par la Convention, y compris aux dispositions qui limitent l'utilisation des renseignements échangés.

2. Outre les restrictions visées au paragraphe 1, l'utilisation des renseignements sera limitée aux seules fins autorisées dans ce paragraphe. En particulier, les renseignements figurant dans la Déclaration pays par pays seront utilisés pour procéder à une évaluation des risques particulièrement élevés liés aux prix de transfert et aux pratiques d'érosion de la base d'imposition et de transfert de bénéfices et, le cas échéant, à des fins d'analyse économique et statistique. Les renseignements ne seront pas utilisés en tant que substitut à une analyse détaillée des prix de transfert réalisée pour chaque transaction et prix, fondée sur une analyse fonctionnelle et une analyse de comparabilité complètes. Il est entendu que les informations figurant dans la Déclaration pays par pays ne permettent pas en soi de déterminer de manière concluante si les prix de transfert sont corrects ou non et, par conséquent, elles ne doivent pas être utilisées pour fonder des ajustements de prix de transfert. Les ajustements inappropriés effectués par des administrations fiscales locales en violation de ce paragraphe seront abandonnés lors de procédures mises en œuvre par les autorités compétentes. Nonobstant ce qui précède, il n'y aucune restriction à l'utilisation des renseignements figurant dans la Déclaration pays par pays comme point de départ à un examen plus approfondi des prix de transfert établis par le Groupe d'entreprises multinationales ou d'autres questions fiscales lors d'un contrôle et, par conséquent, des ajustements appropriés du bénéfice imposable d'une Entité constitutive peuvent être effectués.

3. Dans la mesure où la législation applicable l'autorise, chaque Autorité compétente notifiera immédiatement à l'autre Autorité compétente toute violation des règles définies aux paragraphes 1 et 2 de cette section, y compris les mesures éventuellement prises pour y remédier et toute sanction qui en résulte.

SECTION 6
Consultations

1. Dans les cas prévus par l'article [25] de la Convention, les Autorités compétentes doivent se consulter et s'efforcer de résoudre la situation par voie amiable.

2. En cas de difficulté dans l'application ou l'interprétation du présent Accord, une Autorité compétente peut solliciter des consultations avec l'autre Autorité compétente en vue d'élaborer des mesures appropriées pour garantir l'exécution du présent Accord. Une Autorité compétente doit, en particulier, consulter l'autre Autorité compétente avant de

conclure à l'existence d'une défaillance systémique, de la part de cette dernière, concernant l'échange de Déclarations pays par pays.

SECTION 7
Modifications

Le présent Accord peut être modifié, par consensus, par accord écrit des Autorités compétentes. Sauf disposition contraire, une telle modification prend effet le premier jour du mois suivant l'expiration d'une période d'un mois après la date de la dernière signature d'un tel accord écrit.

SECTION 8
Durée de l'Accord

1. Le présent Accord entrera en vigueur le [...]/[à la date de la dernière notification effectuée par chaque Autorité compétente indiquant que sa Juridiction a adopté la législation nécessaire pour imposer aux Entités déclarantes l'obligation de déposer une Déclaration pays par pays].

2. Une Autorité compétente peut suspendre temporairement l'échange de renseignements visé par le présent Accord moyennant préavis écrit adressé à l'autre Autorité compétente indiquant que cette dernière commet ou a commis un manquement grave au présent Accord. Avant de prendre cette décision, l'Autorité compétente mentionnée en premier doit consulter l'autre Autorité compétente. Aux fins du présent paragraphe, l'expression « manquement grave » désigne le non-respect des paragraphes 1 et 2 de la section 5 et du paragraphe 1 de la section 6 du présent Accord, y compris des dispositions correspondantes de la Convention, ainsi que le fait pour l'Autorité compétente de ne pas communiquer des informations appropriées ou en temps voulu comme le prévoit le présent Accord. Cette suspension est à effet immédiat et se poursuivra jusqu'à ce que la deuxième Autorité compétente mentionnée établisse d'une façon satisfaisante pour les deux Autorités compétentes qu'il n'y a pas eu de manquement grave ou qu'elle a pris les mesures appropriées pour remédier au manquement grave.

3. Chacune des Autorités compétentes peut dénoncer le présent Accord moyennant un préavis écrit adressé à l'autre Autorité compétente. Cette dénonciation prend effet le premier jour du mois suivant l'expiration d'un délai de douze mois à compter de la date du préavis. En cas de dénonciation, toutes les informations déjà reçues au titre du présent Accord restent confidentielles et soumises aux dispositions de la Convention.

Signé en double exemplaire à [...] le [...].

Autorité compétente de la [Juridiction A]	Autorité compétente de la [Juridiction B]

Accord entre autorités compétentes relatif à l'échange des déclarations pays par pays sur la base d'un accord d'échange de renseignements fiscaux

Considérant que le Gouvernement de la [Juridiction A] et le Gouvernement de la [Juridiction B] veulent accroître la transparence fiscale internationale et améliorer l'accès de leurs autorités fiscales respectives aux informations concernant la répartition mondiale des bénéfices, des impôts payés et certains indicateurs de localisation de l'activité économique entre juridictions fiscales dans lesquelles des Groupes d'entreprises multinationales exercent des activités, grâce à l'échange automatique de Déclarations pays par pays annuelles, dans le but de procéder à une évaluation générale des risques liés aux prix de transfert et d'autres risques d'érosion de la base d'imposition et de transfert de bénéfices, y compris le cas échéant à des fins d'analyse économique et statistique;

Considérant que les lois de leurs Juridictions respectives imposent ou doivent imposer à l'Entité déclarante d'un Groupe d'entreprises multinationales de déposer chaque année une Déclaration pays par pays;

Considérant que la Déclaration pays par pays fait partie d'une structure à trois niveaux, avec le fichier principal mondial et le fichier local, qui ensemble représentent une approche normalisée de la documentation des prix de transfert et qui procureront aux administrations fiscales des informations fiables et pertinentes pour effectuer une analyse efficace et robuste des risques liés aux prix de transfert;

Considérant que l'article [5A] de l'Accord d'échange de renseignements fiscaux conclu entre la [Juridiction A] et la [Juridiction B] (l'« AERF »)] autorise l'échange de renseignements à des fins fiscales, y compris sur une base automatique, et autorise les autorités compétentes de la [Juridiction A] et de la [Juridiction B] (les « Autorités compétentes ») à définir la portée et les modalités de ces échanges automatiques;

Considérant que la [Juridiction A] et la [Juridiction B] [ont mis en place ou doivent avoir mis en place] lors du premier échange des Déclarations pays par pays (i) les protections adéquates pour faire en sorte que les renseignements reçus conformément à cet Accord restent confidentiels et soient utilisés uniquement dans le but de procéder à une évaluation générale des risques liés aux prix de transfert et d'autres risques d'érosion de la base d'imposition et de transfert de bénéfices, y compris le cas échéant à des fins d'analyse économique et statistique, conformément à la section 5 du présent Accord, (ii) les infrastructures nécessaires à un échange efficace (y compris les processus garantissant un échange de renseignements en temps voulu, exact et confidentiel, des communications efficaces et fiables, et les moyens permettant de résoudre rapidement les questions et préoccupations relatives aux échanges ou aux demandes d'échanges et d'appliquer les dispositions de la section 4 du présent Accord) et (iii) la législation nécessaire pour exiger des entreprises multinationales déclarantes qu'elles déposent la Déclaration pays par pays;

Considérant que les Autorités compétentes ont l'intention de conclure cet Accord relatif à l'échange automatique réciproque conformément à l'AERF, sous réserve de la confidentialité et des autres garanties prévues par l'AERF, y compris les dispositions qui limitent l'utilisation des renseignements échangés en vertu de ce dernier;

Les Autorités compétentes sont convenues des dispositions suivantes :

SECTION 1
Définitions

1. Aux fins du présent Accord, les expressions et termes suivants ont le sens défini ci-après :

a) Le terme « [**Juridiction A**] » désigne [...] ;

b) Le terme « [**Juridiction B**] » désigne [...] ;

c) L'expression **« Autorité compétente »** désigne dans le cas de la [Juridiction A], [...] et dans le cas de la [Juridiction B], [...] ;

d) Le terme « **Groupe** » désigne un ensemble d'entreprises liées en vertu de la structure de propriété ou de contrôle, tenu à ce titre d'établir des États financiers consolidés conformes aux principes comptables applicables à des fins d'information financière, ou qui serait tenu de le faire si des participations dans l'une ou l'autre de ces entreprises étaient cotées en bourse ;

e) L'expression « **Groupe d'entreprises multinationales** » désigne tout groupe qui (i) comprend deux entreprises ou plus, dont la résidence fiscale se trouve dans des juridictions différentes, ou qui comprend une entreprise établie dans une juridiction à des fins fiscales mais qui est soumise à l'impôt dans une autre juridiction au titre des activités exercées par le biais d'un établissement stable, et (ii) qui n'est pas un Groupe d'entreprises multinationales exclu ;

f) L'expression « **Groupe d'entreprises multinationales exclu** » désigne un Groupe qui n'est pas tenu de déposer une Déclaration pays par pays parce que son chiffre d'affaires annuel consolidé réalisé au cours de l'exercice fiscal qui précède immédiatement l'exercice fiscal déclarable, ainsi qu'il ressort de ses états financiers consolidés pour cet exercice fiscal antérieur, est inférieur au seuil défini par la législation interne de la Juridiction, conformément au Rapport de 2015 tel qu'il peut être amendé à la suite de sa révision prévue en 2020 ;

g) L'expression « **Entité constitutive** » désigne (i) toute unité opérationnelle distincte d'un Groupe d'entreprises multinationales qui est intégrée dans les états financiers consolidés à des fins d'information financière, ou qui le serait si des participations dans cette unité opérationnelle d'un Groupe d'entreprises multinationales étaient cotées en bourse ; (ii) toute unité opérationnelle qui est exclue des états financiers consolidés du Groupe d'entreprises multinationales uniquement pour des raisons de taille ou d'importance relative ; et (iii) tout établissement stable d'une unité opérationnelle distincte du Groupe d'entreprises multinationales appartenant aux catégories (i) ou (ii) ci-dessus sous réserve que l'unité opérationnelle établisse un état financier distinct pour cet établissement stable à des fins réglementaires, fiscales, d'information financière ou de gestion interne ;

h) L'expression « **Entité déclarante** » désigne l'Entité constitutive qui, aux termes de la législation interne de sa juridiction de résidence fiscale, dépose la Déclaration pays par pays pour le compte du Groupe d'entreprises multinationales en vertu de sa capacité d'agir ainsi ;

i) L'expression « **Déclaration pays par pays** » désigne la Déclaration pays par pays que l'Entité déclarante, selon les lois de sa juridiction de résidence fiscale, doit déposer chaque année, contenant les informations visées par ces lois, couvrant les postes et présentée selon le format décrits dans le Rapport de 2015, tel qu'il peut être amendé à la suite de sa révision prévue en 2020 ; et

j) L'expression « **Rapport de 2015** » le rapport final intitulé « *Documentation des prix de transfert et déclarations pays par pays* » établi au titre de l'action 13 du Plan d'action OCDE/G20 concernant l'érosion de la base d'imposition et le transfert de bénéfices.

2. S'agissant de l'application de cet Accord à un moment donné par une Autorité compétente d'une Juridiction, tout terme ou expression qui n'est pas défini dans le présent Accord aura, sauf si le contexte exige une interprétation différente ou si les Autorités compétentes s'entendent sur une signification commune (comme l'autorise le droit national), le sens que lui attribue à ce moment le droit de la Juridiction qui applique le présent Accord, toute définition figurant dans la législation fiscale applicable de cette Juridiction l'emportant sur une définition contenue dans une autre législation de la même Juridiction.

SECTION 2
Échange de renseignements concernant des Groupes d'entreprises multinationales

Conformément aux dispositions de l'article [5A] de l'AERF, chaque Autorité compétente échangera chaque année, de manière automatique, la Déclaration pays par pays reçue de chaque Entité déclarante qui est résidente de sa Juridiction à des fins fiscales, avec l'autre Autorité compétente, dès lors que, sur la base des informations contenues dans la Déclaration pays par pays, une ou plusieurs Entités constitutives du Groupe d'entreprises multinationales de l'Entité déclarante sont résidentes à des fins fiscales de la Juridiction de l'autre Autorité compétente ou sont imposées au titre des activités menées par l'intermédiaire d'un établissement stable situé dans la Juridiction de l'autre Autorité compétente.

SECTION 3
Calendrier et modalités des échanges de renseignements

1. Aux fins de l'échange de renseignements prévu à la section 2, la devise dans laquelle sont exprimés les montants contenus dans la Déclaration pays par pays doit être précisée.

2. S'agissant de la section 2, une Déclaration pays par pays doit être échangée pour la première fois concernant les exercices fiscaux de Groupes d'entreprises multinationales qui débutent le [....] ou à une date ultérieure. L'échange doit intervenir le plus tôt possible, et au plus tard 18 mois après le dernier jour de l'exercice fiscal de l'Entité déclarante du Groupe d'entreprises multinationales qui fait l'objet de la Déclaration. Les Déclarations établies pour des exercices fiscaux ultérieurs doivent être échangées le plus tôt possible, et au plus tard 15 mois après le dernier jour de l'exercice fiscal du Groupe d'entreprises multinationales qui en fait l'objet.

3. Les Autorités compétentes échangeront automatiquement les Déclarations pays par pays selon un schéma commun en langage XML.

4. Les Autorités compétentes œuvreront pour et s'accorderont sur une ou plusieurs méthodes de transmission électronique de données, y compris sur des normes de cryptage.

SECTION 4
Collaboration en matière d'application et de mise en œuvre de l'Accord

Une Autorité compétente informera l'autre Autorité compétente lorsque la première Autorité compétente a des raisons de croire, s'agissant d'une Entité déclarante résidente à des fins fiscales dans la Juridiction de l'autre Autorité compétente, qu'une erreur peut avoir eu pour conséquence la communication de renseignements erronés ou incomplets ou qu'une Entité déclarante ne respecte pas ses obligations de dépôt d'une Déclaration pays par pays. L'Autorité compétente ainsi notifiée appliquera toutes les dispositions appropriées de son droit interne pour corriger ces erreurs ou remédier aux manquements décrits dans la notification.

SECTION 5
Confidentialité, protection et usage approprié des données

1. Tous les renseignements échangés sont soumis aux obligations de confidentialité et autres protections prévues par l'AERF, y compris aux dispositions qui limitent l'utilisation des renseignements échangés.

2. Outre les restrictions visées au paragraphe 1, l'utilisation des renseignements sera limitée aux seules fins autorisées dans ce paragraphe. En particulier, les renseignements figurant dans la Déclaration pays par pays seront utilisés pour procéder à une évaluation des risques particulièrement élevés liés aux prix de transfert et aux pratiques d'érosion de la base d'imposition et de transfert de bénéfices et, le cas échéant, à des fins d'analyse économique et statistique. Les renseignements ne seront pas utilisés en tant que substitut à une analyse détaillée des prix de transfert réalisée pour chaque transaction et prix, fondée sur une analyse fonctionnelle et une analyse de comparabilité complètes. Il est entendu que les informations figurant dans la Déclaration pays par pays ne permettent pas en soi de déterminer de manière concluante si les prix de transfert sont corrects ou non et, par conséquent, elles ne doivent pas être utilisées pour fonder des ajustements de prix de transfert. Les ajustements inadéquats effectués par des administrations fiscales locales en violation de ce paragraphe seront abandonnés lors de procédures mises en œuvre par les autorités compétentes. Nonobstant ce qui précède, il n'y aucune restriction à l'utilisation des renseignements figurant dans la Déclaration pays par pays comme point de départ à un examen plus approfondi des prix de transfert établis par le Groupe d'entreprises multinationales ou d'autres questions fiscales lors d'un contrôle et, par conséquent, des ajustements appropriés du bénéfice imposable d'une Entité constitutive peuvent être effectués.

3. Dans la mesure où la législation applicable l'autorise, chaque Autorité compétente notifiera immédiatement à l'autre Autorité compétente toute violation des règles définies aux paragraphes 1 et 2 de cette section, y compris les mesures éventuellement prises pour y remédier et toute sanction qui en résulte.

SECTION 6
Consultations

1. Si un ajustement du bénéfice imposable d'une Entité constitutive, effectué à la suite d'investigations supplémentaires basées sur les données figurant dans la Déclaration pays par pays, aboutit à des résultats économiques indésirables, y compris pour une unité opérationnelle spécifique, les deux Autorités compétentes doivent se consulter et dialoguer en vue de résoudre ce cas.

2. En cas de difficulté dans l'application ou l'interprétation du présent Accord, une Autorité compétente peut solliciter des consultations avec l'autre Autorité compétente en vue d'élaborer des mesures appropriées pour garantir l'exécution du présent Accord. Une Autorité compétente doit, en particulier, consulter l'autre Autorité compétente avant de conclure à l'existence d'une défaillance systémique, de la part de cette dernière, concernant l'échange de Déclarations pays par pays.

SECTION 7
Modifications

Le présent Accord peut être modifié, par consensus, par accord écrit des Autorités compétentes. Sauf disposition contraire, une telle modification prend effet le premier jour du mois suivant l'expiration d'une période d'un mois après la date de la dernière signature d'un tel accord écrit.

SECTION 8

Durée de l'Accord

1. Le présent Accord entrera en vigueur le [...]/[à la date de la dernière notification effectuée par chaque Autorité compétente indiquant que sa Juridiction a adopté la législation nécessaire pour imposer aux Entités déclarantes l'obligation de déposer une Déclaration pays par pays].

2. Une Autorité compétente peut suspendre temporairement l'échange de renseignements visé par le présent Accord moyennant préavis écrit adressé à l'autre Autorité compétente indiquant que cette dernière commet ou a commis un manquement grave au présent Accord. Avant de prendre cette décision, l'Autorité compétente mentionnée en premier doit consulter l'autre Autorité compétente. Aux fins du présent paragraphe, l'expression « manquement grave » désigne le non-respect des paragraphes 1 et 2 de la section 5 et du paragraphe 1 de la section 6 du présent Accord, y compris des dispositions correspondantes de l'AERF, ainsi que le fait pour l'Autorité compétente de ne pas communiquer des informations appropriées ou en temps voulu comme le prévoit le présent Accord. Cette suspension est à effet immédiat et se poursuivra jusqu'à ce que la deuxième Autorité compétente mentionnée établisse d'une façon satisfaisante pour les deux Autorités compétentes qu'il n'y a pas eu de manquement grave ou qu'elle a pris les mesures appropriées pour remédier au manquement grave.

3. Chacune des Autorités compétentes peut dénoncer le présent Accord moyennant un préavis écrit adressé à l'autre Autorité compétente. Cette dénonciation prend effet le premier jour du mois suivant l'expiration d'un délai de douze mois à compter de la date du préavis. En cas de dénonciation, toutes les informations déjà reçues au titre du présent Accord restent confidentielles et soumises aux dispositions de l'AERF.

Signé en double exemplaire à [...] le [...].

Autorité compétente de la [Juridiction A]	Autorité compétente de la [Juridiction B]

Bibliographie

OCDE (2014), *Norme d'échange automatique de renseignements relatifs aux comptes financiers en matière fiscale*, Éditions OCDE, Paris, http://dx.doi.org/10.1787/9789264222090-fr.

OCDE (2013), *Plan d'action concernant l'érosion de la base d'imposition et le transfert de bénéfices*, Éditions OCDE, Paris, http://dx.doi.org/10.1787/9789264203242-fr.

OCDE (2012), *Garantir la confidentialité : Le guide de l'OCDE sur la protection des échanges de renseignements à des fins fiscales*, Éditions OCDE, Paris, www.oecd.org/fr/ctp/echange-de-renseignements-fiscaux/rapport-garantir-la-confidentialite.pdf.

OCDE (2010), *Principes de l'OCDE applicables en matière de prix de transfert à l'intention des entreprises multinationales et des administrations fiscales*, Éditions OCDE, Paris, http://dx.doi.org//10.1787/tpg-2010-fr.

ORGANISATION DE COOPÉRATION ET DE DÉVELOPPEMENT ÉCONOMIQUES

L'OCDE est un forum unique en son genre où les gouvernements oeuvrent ensemble pour relever les défis économiques, sociaux et environnementaux que pose la mondialisation. L'OCDE est aussi à l'avant-garde des efforts entrepris pour comprendre les évolutions du monde actuel et les préoccupations qu'elles font naître. Elle aide les gouvernements à faire face à des situations nouvelles en examinant des thèmes tels que le gouvernement d'entreprise, l'économie de l'information et les défis posés par le vieillissement de la population. L'Organisation offre aux gouvernements un cadre leur permettant de comparer leurs expériences en matière de politiques, de chercher des réponses à des problèmes communs, d'identifier les bonnes pratiques et de travailler à la coordination des politiques nationales et internationales.

Les pays membres de l'OCDE sont : l'Allemagne, l'Australie, l'Autriche, la Belgique, le Canada, le Chili, la Corée, le Danemark, l'Espagne, l'Estonie, les États-Unis, la Finlande, la France, la Grèce, la Hongrie, l'Irlande, l'Islande, Israël, l'Italie, le Japon, le Luxembourg, le Mexique, la Norvège, la Nouvelle-Zélande, les Pays-Bas, la Pologne, le Portugal, la République slovaque, la République tchèque, le Royaume-Uni, la Slovénie, la Suède, la Suisse et la Turquie. La Commission européenne participe aux travaux de l'OCDE.

Les Éditions OCDE assurent une large diffusion aux travaux de l'Organisation. Ces derniers comprennent les résultats de l'activité de collecte de statistiques, les travaux de recherche menés sur des questions économiques, sociales et environnementales, ainsi que les conventions, les principes directeurs et les modèles développés par les pays membres.

ÉDITIONS OCDE, 2, rue André-Pascal, 75775 PARIS CEDEX 16
(23 2015 38 2 P) ISBN 978-92-64-24849-6 – 2015

www.ingramcontent.com/pod-product-compliance
Lightning Source LLC
LaVergne TN
LVHW081421110826
845149LV00010B/1823

* 9 7 8 9 2 6 4 2 4 8 4 9 6 *